Documento de Trabajo

Serie Unión Europea y Relaciones Internacionales
Número 154/2025

La Directiva sobre diligencia debida: retos e implicaciones en materia de derechos humanos y medio ambiente para la Unión Europea*

Francisco Pascual-Vives**
Alberto Jiménez-Piernas García***

---

*   Este trabajo también se enmarca en las labores de investigación desarrolladas por los autores como miembros del proyecto de investigación financiado por la Agencia Estatal de Investigación, titulado "Hacia un nuevo marco jurídico para las inversiones socialmente responsables y sostenibles: respuestas desde el Derecho internacional y de la Unión Europea" (Ref. PID2023-149020NB-I00)".

**   Profesor Titular de Derecho internacional público y relaciones internacionales. Director del Instituto Universitario de Investigación en Estudios Latinoamericanos (IELAT) de la Universidad de Alcalá (f.pascualvives@uah.es).

*** Profesor Asociado de Derecho internacional público y relaciones internacionales. Miembro del IELAT de la Universidad de Alcalá. Fundador de la plataforma NegocioResponsable.Org y Consultor-CEO en Segara (alberto.jimenezp@uah.es).

El Real Instituto Universitario de Estudios Europeos de la Universidad CEU San Pablo, Centro Europeo de Excelencia Jean Monnet, es un centro de investigación especializado en la integración europea y otros aspectos de las relaciones internacionales.

Los documentos de trabajo dan a conocer los proyectos de investigación originales realizados por los investigadores asociados del Instituto Universitario en los ámbitos histórico-cultural, jurídico-político y socioeconómico de la Unión Europea.

Las opiniones y juicios de los autores no son necesariamente compartidos por el Real Instituto Universitario de Estudios Europeos.

Los documentos de trabajo están también disponibles en: www.idee.ceu.es

Serie *Unión Europea y Relaciones Internacionales* de documentos de trabajo del Real Instituto Universitario de Estudios Europeos

La Directiva sobre diligencia debida: retos e implicaciones en materia de derechos humanos y medio ambiente para la Unión Europea

CEU *Ediciones*
Julián Romea 18, 28003 Madrid
Teléfono: 91 514 05 73
Correo electrónico: ceuediciones@ceu.es
www.ceuediciones.es

Real Instituto Universitario de Estudios Europeos
Avda. del Valle 21, 28003 Madrid
www.idee.ceu.es

ISBN: 978-84-19976-94-9
Depósito legal: M-13616-2025

Maquetación: CEU *Ediciones*

Índice

1. INTRODUCCIÓN 5

2. EL IMPACTO DE LA DIRECTIVA SOBRE DILIGENCIA DEBIDA EN LAS POLÍTICAS INTERNAS DE LA UNIÓN EUROPEA: CONTINUIDADES, DISCONTINUIDADES E INTEROPERABILIDAD 6

    2.1. La Directiva sobre diligencia debida en su contexto: su relación con otras normas en la materia 6

        2.1.1. Relación con el ecosistema normativo de finanzas sostenibles 8

        2.1.2. Relación con la nueva Directiva contra el Greenwashing 9

        2.1.3. Diligencia debida y cambio climático 10

        2.1.4. Responsabilidades y control administrativo 10

    2.2. Armonización, interoperabilidad y simplificación: novedades de la propuesta Ómnibus sobre sostenibilidad de 2025 11

    2.3. La Directiva sobre diligencia debida entre la continuidad y el cambio: perspectivas y recomendaciones 13

3. EL IMPACTO DE LA DIRECTIVA SOBRE DILIGENCIA DEBIDA EN LA ACCIÓN EXTERIOR EUROPEA: LOS ACUERDOS INTERNACIONALES CELEBRADOS POR LA UNIÓN EUROPEA CON TERCEROS ESTADOS 15

    3.1. El marco teórico: diversas alternativas para armonizar los sectores normativos internacionales en presencia 16

    3.2. La proyección del marco teórico a la práctica convencional más reciente: el papel de la Unión Europea como promotor de los intereses públicos en el Derecho internacional de las inversiones 18

        3.2.1. La coordinación normativa: una opción que permite adaptar y modernizar el Derecho internacional de las inversiones 19

        3.2.2. La imposición de obligaciones a los inversores internacionales: una opción compleja en virtud de la necesidad de conciliar todos los intereses en presencia 20

    3.3. Las consecuencias jurídicas de la armonización normativa en el contencioso internacional sobre protección de las inversiones: ¿son las demandas reconvencionales un mecanismo óptimo para tutelar los intereses públicos? 24

4. CONSIDERACIONES FINALES 29

1. Introducción

La Unión Europea (en adelante, UE) ha promovido la mejora del desempeño socioambiental de las empresas con un predominio inicial del *soft law*, esto es, de los instrumentos no vinculantes con valor jurídico de recomendación, primero bajo la denominación de responsabilidad social corporativa (en adelante, RSC) y, en nuestros días, bajo el concepto paraguas de "sostenibilidad". Otras organizaciones internacionales también han aprobado numerosos estándares de *soft law*, si bien ha sido en la UE donde se ha producido un proceso de consolidación y maduración jurídica. Un proceso al que nos vamos a referir a lo largo de este trabajo como un proceso de "juridificación de la sostenibilidad".

En su papel de potencia normativa global, la UE ha sido la protagonista de esta juridificación creciente de la sostenibilidad empresarial. Este es el marco en el que se debe analizar la reciente Directiva (UE) 2024/1760 del Parlamento Europeo y del Consejo, de 13 de junio de 2024, sobre diligencia debida de las empresas en materia de sostenibilidad (en adelante, Directiva sobre diligencia debida)[1]. Este trabajo tiene por objeto analizar la Directiva sobre diligencia debida desde una doble dimensión: interna y externa.

En el epígrafe 2 se estudia el valor y la influencia *ad intra* de la Directiva sobre diligencia debida. Es decir, cómo interacciona con el resto de las normas de derecho derivado europeo en materia de sostenibilidad y qué impacto más general puede tener en las políticas internas de la UE. A continuación, el epígrafe 3 examina la dimensión *ad extra* de la Directiva sobre diligencia debida. En concreto, su proyección hacia un ámbito muy particular de la acción exterior europea, los acuerdos internacionales celebrados por la UE con terceros Estados sobre protección de las inversiones.

---

[1] Directiva (UE) 2024/1760 del Parlamento Europeo y del Consejo, de 13 de junio de 2024, sobre diligencia debida de las empresas en materia de sostenibilidad y por la que se modifican la Directiva (UE) 2019/1937 y el Reglamento (UE) 2023/2859 (*DO* L 2024/1760, 5 de julio de 2024).

2. El impacto de la Directiva sobre diligencia debida en las políticas internas de la Unión Europea: continuidades, discontinuidades e interoperabilidad

En este primer epígrafe se contextualiza adecuadamente la Directiva sobre diligencia debida para comprender cómo se relaciona con otras normas derivadas de la UE, así como su interacción con otras políticas e iniciativas legislativas europeas, con el objetivo de analizar hasta qué punto ha supuesto un hito o un cambio, cuál es su principal aportación y sus límites.

2.1. La Directiva sobre diligencia debida en su contexto: su relación con otras normas en la materia

La Organización de las Naciones Unidas (en adelante, ONU), la Organización para la Cooperación y el Desarrollo Económico (en adelante, OCDE), y la Organización Internacional del Trabajo (en adelante, OIT) han sido las principales impulsoras institucionales de la sostenibilidad a partir del año 2010. Su actividad se ha centrado en instrumentos de *soft law* que, con el paso del tiempo, evolucionaron de lo general a lo particular. En efecto, los primeros textos desarrollados por estas organizaciones internacionales fueron generales, como el marco "Proteger, Respetar Remediar"[2] y los Principios Rectores sobre Empresas y Derechos Humanos[3], o las Líneas Directrices sobre Empresas Multinacionales de la OCDE[4]. Posteriormente, se añadieron instrumentos cada vez más especializados y sectoriales[5]. Conviene mencionar que no fue casual la revisión, precisamente en esos mismos años, de numerosos estándares técnicos privados: ISO 14.001 (revisado en 2015) e ISO 14.064 (revisado en 2019). Asimismo, hubo varias revisiones de criterios y ampliaciones tanto del sello *FairTrade* como del *Forest Stewardship Council* (en adelante, FSC)[6].

---

2   A/HRC/8/5, 7 de abril de 2008.

3   A/HRC/17/31, 21 de marzo de 2011.

4   Su última revisión se realizó en 2023: OCDE (2023), Líneas Directrices de la OCDE para Empresas Multinacionales sobre Conducta Empresarial Responsable. OECD Publishing, Paris: ver https://doi.org/10.1787/7abea681-es

5   Es muy ilustrativa la evolución a textos muy especializados en el caso de la OCDE, como muestran los siguientes estándares: La Guía de la OCDE de Diligencia Debida para la participación significativa de las partes interesadas del sector extractivo; La Guía de debida diligencia para cadenas de suministro responsables de minerales en áreas de conflicto o de alto riesgo; Las Acciones prácticas para que las empresas identifiquen y aborden las peores formas de trabajo infantil en las cadenas de suministro de minerales; la Guía de la OCDE de debida diligencia para cadenas de suministro responsables en el sector textil y del calzado; y en un esfuerzo conjunto con la Organización de las Naciones Unidas para la Alimentación y la Agricultura, la Guía para las cadenas de suministro responsable en el sector agrícola.

6   Se citan distintivos privados independientes ampliamente reconocidos, si bien han proliferado muchos otros de una utilidad más discutible. En el caso de *FSC*, en 2012 se aprobó la versión 5.0 de los Principios y criterios FSC-STD-01-001 V5-0, y en 2021 se incluyeron los criterios laborales fundamentales de la OIT en los estándares de cadena de custodia de *FSC*: ver https://fsc.org/sites/default/files/2021-10/FSC_IC_Guidance_CLR_ES_V1-0.pdf. En cuanto a *FairTrade*, en 2011 entró en vigor un texto con criterios nuevos para organizaciones de pequeños productores de café, y entre 2012 y 2014 también se llevaron a cabo varias revisiones de los estándares: ver https://www.fairtrade.net/iberica-es/por-que-fairtrade/como-lo-hacemos/estandares-fairtrade.html

Gráfico 1: Instrumentos de *soft law* en sostenibilidad por trienios y organización (2000-2025)

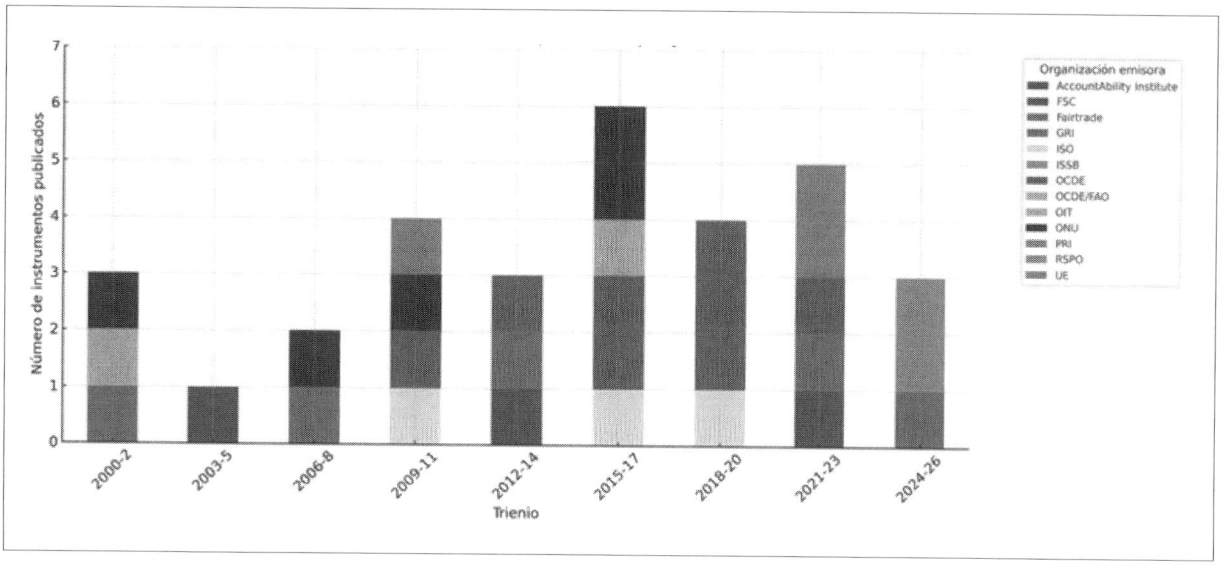

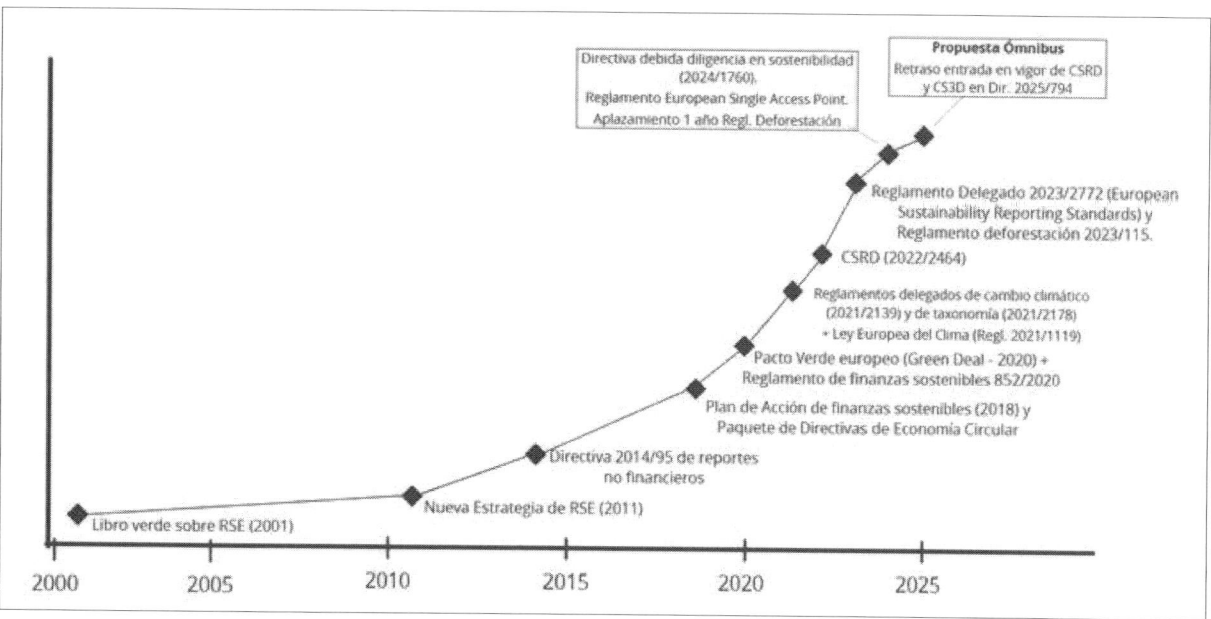

Un análisis empírico de los principales instrumentos de *soft law* muestra un pico en la labor estandarizadora entre 2010 y 2020, mientras que la juridificación de la sostenibilidad se intensifica claramente a partir del año 2018, primer año en que las empresas publicaron reportes de información no financiera en aplicación de la Directiva 2014/95/UE, predecesora de la vigente Directiva 2022/2464[7] (en adelante, CSRD).

Gráfico 2. Juridificación desde 2018 de la sostenibilidad en la UE

En este contexto, la Directiva sobre diligencia debida es el último precedente de esta juridificación de la sostenibilidad, en la medida en que confirma la integración en un texto vinculante de los conceptos y procedimientos que antes se incluían, como simples recomendaciones, en los Principios Rectores de la ONU y en las Líneas Directrices sobre Empresas Multinacionales y en la Guía de Debida diligencia de la OCDE. Ahora bien, por este mismo motivo no debería suponer sorpresa alguna en los niveles ejecutivos de los sujetos obligados, fundamentalmente grandes

---

7   Directiva (UE) 2022/2464 del Parlamento Europeo y del Consejo, de 14 de diciembre de 2022, por la que se modifican el Reglamento 537/2014, la Directiva, 2004/109/CE, la Directiva 2006/43/CE y la Directiva 2013/34/UE, por lo que respecta a la presentación de información sobre sostenibilidad por parte de las empresas (*DO* L 2022/2464, 16 de diciembre de 2022).

empresas de más de mil empleados. De hecho, muchas de estas empresas, también extracomunitarias, ya estaban familiarizadas con requisitos similares a la luz de los precedentes legislativos de algunos Estados miembros de la UE, en particular, Francia, Países Bajos y Alemania[8].

2.1.1. Relación con el ecosistema normativo de finanzas sostenibles

Llegados a este punto, es de vital importancia comprender que la Directiva sobre diligencia debida se ha aprobado en un contexto en el que ya existen numerosas otras normas sobre sostenibilidad en el Derecho derivado de la UE. El precedente más desarrollado lo hallamos en materia de finanzas sostenibles, donde se ha conformado lo que cabría definir como todo un ecosistema normativo, en cuyo centro de gravedad se sitúa el Reglamento 852/2020[9] (en adelante, Reglamento de finanzas sostenibles). En torno a este, hallamos legislación muy concreta de divulgación de información de sostenibilidad para el sector financiero[10], además de actos delegados sobre cambio climático[11] y de taxonomía para la divulgación de dicha información[12].

El objetivo primordial del Reglamento de finanzas sostenibles es establecer una definición clara de lo que constituye una inversión sostenible: aquella que contribuya a los objetivos medioambientales establecidos en su Artículo 9 (y detallados en los Artículos 10 a 15), siempre que, al mismo tiempo, satisfaga el criterio de no causar un perjuicio significativo de los que menciona el Artículo 17.

La abundancia y nivel de detalle de esta normativa específica del sector financiero explica que, en el proceso de negociación de la Directiva sobre diligencia debida, se excluyese finalmente para el sector financiero la vigilancia "aguas abajo" (por ejemplo, la finalidad de los fondos prestados), tal y como lo ilustra el Considerando número 26, aunque se ha mantenido el deber de vigilancia "aguas arriba". Además, el Artículo 2.8 excluye las instituciones de inversión colectiva y fondos que son patrimonios sin personalidad jurídica. No obstante, el Artículo 36.1 anuncia un informe de la Comisión para estudiar lo referente a "la prestación de servicios financieros y las actividades de inversión", por lo que en el futuro podría desarrollarse ese deber de vigilancia, para el sector financiero, también de los eslabones posteriores de su cadena de valor, por el momento, excluidos.

Por otro lado, no es casual que el Reglamento de finanzas sostenibles haga referencia explícita, ya no en considerandos sino en su articulado (Artículo 18) a tres de los principales estándares institucionales de *soft law*: los Principios Rectores de la ONU, las Líneas Directrices sobre Empresas Multinacionales de la OCDE y la Declaración Tripartita de la OIT relativa a los principios y derechos fundamentales en el trabajo. Estos dos últimos instrumentos aparecen asimismo en el Considerando número 6 de la Directiva sobre diligencia debida para aclarar, precisamente, la definición de dicha debida diligencia.

A mayor abundamiento, los Principios Rectores se citan en los Considerandos números 5, 14, 37, 59 y 62 de la Directiva sobre diligencia debida, todos ellos destinados a concretar los procedimientos para integrar la debida diligencia, prevenir los impactos potenciales, eliminar los impactos reales, reparar sus consecuencias y comunicarse

---

8   Para un estudio de estos precedentes europeos y sobre la necesidad de armonización: ver Magallón Elósegui N (2023) La heterogeneidad de los mecanismos de implementación de diligencia debida empresarial como obstáculo en el respeto de los Derechos Humanos y el Medioambiente. Revista Española de Empresas y Derechos Humanos 1:75-80.

9   Reglamento (UE) 2020/852 del Parlamento Europeo y del Consejo de 18 de junio de 2020 relativo al establecimiento de un marco para facilitar las inversiones sostenibles y por el que se modifica el Reglamento (UE) 2019/2088 (*DO* L 2020/852, 22 de junio de 2020).

10   Reglamento (UE) 2019/2088 del Parlamento Europeo y del Consejo de 27 de noviembre de 2019 sobre la divulgación de información relativa a la sostenibilidad en el sector de los servicios financieros (*DO* L 2019/2088, 9 de diciembre de 2019).

11   Reglamento delegado (UE) 2021/2139 de la Comisión, de 4 de junio de 2021, por el que se completa el Reglamento (UE) 2020/852 del Parlamento Europeo y del Consejo y por el que se establecen las condiciones en las que se considera que una actividad económica contribuye de forma sustancial a la mitigación del cambio climático o a la adaptación al mismo, y para determinar si esa actividad económica no causa un perjuicio significativo a ninguno de los demás objetivos ambientales (*DO* L 2021/2139, 9 de diciembre de 2021).

12   Reglamento delegado (UE) 2021/2178 de la Comisión de 6 de julio de 2021 por el que se completa el Reglamento (UE) 2020/852 del Parlamento Europeo y del Consejo mediante la especificación del contenido y la presentación de la información que deben divulgar las empresas sujetas a los artículos 19bis o 29bis de la Directiva 2013/34/UE respecto a las actividades económicas sostenibles desde el punto de vista medioambiental, y la especificación de la metodología para cumplir con la obligación de divulgación de información (*DO* L 2021/2178, 10 de diciembre de 2021).

con los *stakeholders*. Estos pasos se desarrollan en detalle en los Artículos 7 a 13 de la Directiva sobre diligencia debida, en última instancia, una clara juridificación y traducción práctica de los estándares mencionados.

2.1.2. Relación con la nueva Directiva contra el Greenwashing

En 2024 se aprobó igualmente una Directiva contra el *Greenwashing*[13] que, en buen castellano, podemos traducir con el neologismo del eco-postureo. Esta añade una capa de complejidad nada desdeñable en términos de protección de los consumidores, una perspectiva inexplorada desde la sostenibilidad. Su aplicación tendrá principalmente tres vectores o ejes de acción: a) el control de aquellos reclamos comerciales basados en sostenibilidad que sean falsos o engañosos; b) el control de los sellos y distintivos, que deberán cumplir ciertos criterios de estandarización y transparencia, dada su proliferación; y c) la definición del *Greenwashing* como una práctica comercial desleal y los mecanismos de protección de los consumidores, con posibles reclamaciones por fraude a los consumidores en los casos más extremos.

Los principales riesgos se derivarán de las siguientes malas prácticas por parte de las empresas: a) afirmaciones excesivamente genéricas; b) comparaciones sin el elemento comparado o sin referencias válidas; y c) omisiones engañosas (que induzcan a confusión), imprecisiones o falsedades. En este ámbito también existen textos de *soft law* que pueden ayudar a las empresas españolas, destacando dos textos de la Asociación de anunciantes "Autocontrol": a) su propio Código de conducta publicitario, aunque genérico, nos da una definición de publicidad engañosa en su Norma 14 y, más concretamente, b) el Código de Autorregulación sobre Argumentos Ambientales en Comunicaciones Comerciales (Norma 11 sobre inespecificidades y acotaciones).

Un primer precedente judicial relacionado con el *Greenwashing* lo tenemos tras la sentencia desestimatoria de la demanda de *Iberdrola* contra *Repsol* por supuesto *Greenwashing*. La principal dificultad que se desprende de este caso es que para considerar un supuesto de esta naturaleza no basta con crear "expectativas infundadas" en los consumidores, "sino de que la información omitida tenga tal relevancia que hubiera determinado una decisión que de otro modo no hubiera adoptado"[14]. Para ello la sentencia toma como término de referencia a un consumidor medio "normalmente informado" y "razonablemente atento y perspicaz"[15]. Esta sentencia, además, analiza cuáles son los informes más fiables para determinar los factores decisivos en las decisiones de compra de los consumidores en el sector energético. Descarta por escasa representatividad y problemas metodológicos los informes de la *Fundación AXA* o de la *Revista Control*, y hace suyo el resultado del Informe de la consultora *Llorente y Cuenca* y de la Comisión Nacional de los Mercados y la Competencia por los cuales el motivo de cambio de compañía ha sido, solamente en un 3% de los consumidores, por querer energía verde. Seguirá siendo crítico que las empresas cuenten con informes serios, rigurosos e independientes.

Esta sentencia libra, por el momento, a *Repsol* del alegado *Greenwashing*, en contraste con una decisión de 2023 de la Autoridad de Normas Publicitarias del Reino Unido que ha prohibido ese tipo de publicidad verde a la propia *Repsol*, a *Shell* y a *Petronas*[16]. De hecho, la aludida sentencia del Juzgado de lo Mercantil de Santander no impone costas, quizá a la vista de lo complejo del caso. De cualquier modo, no habrá *Greenwashing* si no se demuestra que es un elemento de peso en la decisión de compra y tampoco servirá alegar una imagen (excesivamente) idiotizada del consumidor medio.

A la luz de estas complejidades, los procedimientos con un enfoque de riesgos, trazables y medibles conforme a la Directiva sobre diligencia debida, tanto medioambientales como de derechos humanos, ayudarán sin duda a minimizar los riesgos de eco-postureo, siempre que las empresas mejoren la coordinación entre sus distintos departamentos y la gobernanza de los datos. En estrecha relación con todo ello se encuentra, por último, la

---

13 Directiva (UE) 2024/825 del Parlamento Europeo y del Consejo, de 28 de febrero de 2024, por la que se modifican las Directivas 2005/29/CE y 2011/83/UE en lo que respecta al empoderamiento de los consumidores para la transición ecológica mediante una mejor protección contra las prácticas desleales y mediante una mejor información (*DO* L 2024/825, 6 de marzo de 2024).

14 Juzgado de lo Mercantil número 2 de Santander, Sentencia 012/2025 de 21 de febrero de 2025, para. 94.

15 Ibid., para. 98.

16 Presicce L (2024) El legislador europeo contra el Greenwashing derivado de la comunicación comercial y la obsolescencia programada. La nueva Directiva para empoderar a los consumidores y favorecer la transición ecológica. Actualidad Jurídica Ambiental 147:26.

regulación de los *ratings* y los calificadores ESG en la UE, que empezará a aplicarse a partir de julio de 2026[17], lo que facilitará las pruebas para evitar demandas de *Greenwashing*, aparte de mejorar la transparencia sobre finanzas sostenibles y la calificación veraz de las inversiones.

2.1.3. Diligencia debida y cambio climático

Otra norma derivada de la UE con la que deberá coordinarse la Directiva sobre diligencia debida es la denominada "Ley europea del Clima", esto es, el Reglamento 2021/1119 de 30 de junio de 2021 por el que se establece el marco para lograr la neutralidad climática. En este caso, será presumiblemente más sencillo porque el abanico de sujetos obligados (las grandes empresas), ya vienen trabajando en estas cuestiones por los requisitos de reporte de la CSRD y de su desarrollo en el Reglamento delegado 2023/2772[18] (en adelante, Reglamento de las NEIS). Además, muchas de estas empresas cuentan con certificaciones ISO 14.001 e ISO 14.064 que redundan en la misma dirección.

El Artículo 22 de la Directiva sobre diligencia debida se refiere explícitamente al Acuerdo de París y al susodicho Reglamento 2021/1119, de manera que el plan de transición climática de las empresas se acople al objetivo global de evitar un calentamiento mayor de 1'5º Celsius. Se trata de un enfoque estratégico que insiste en que el plan de negocio sea compatible con este objetivo, con medidas cuantificables en periodos de cinco años. Además, especifica que deben cubrirse los tres alcances de las emisiones significativas, lo que por otro lado es coherente con la revisión de ISO 14.064 realizada en 2019.

En línea con la doble materialidad (de impacto y financiera), ya consagrados en la CSRD y el Reglamento de las NEIS, el Artículo 22.c) de la Directiva sobre diligencia debida obliga a cuantificar igualmente las inversiones y recursos disponibles para apoyar dicha transición.

2.1.4. Responsabilidades y control administrativo

El Artículo 21 de la Directiva sobre diligencia debida estipula que la Comisión Europea creará un servicio de ayuda único al que podrán acudir las empresas, y que deberá coordinarse igualmente con las autoridades nacionales de control. El Artículo 27 y el Considerando número 76 aluden a dichas autoridades nacionales como las encargadas de las sanciones pecuniarias, que deberán ser "disuasorias" y, de manera clara, parece buscar un efecto reputacional al incluir "una declaración pública en la que figuren la empresa responsable y la naturaleza de la infracción en caso de que la empresa no cumpla en el plazo aplicable la decisión por la que se le impone una sanción pecuniaria". Esto lo diferenciaría claramente de otros procedimientos existentes como el de los Puntos Nacionales de Contacto (en adelante, PNCs), en cuyos "casos" de mediación extrajudicial no se publica el nombre de la empresa, sin que entremos aquí a desarrollar la escasa utilidad de los PNCs por una implementación estatal deliberadamente limitadora de su potencial.

Nótese que, en este nivel, nos encontramos ante sanciones administrativas. De hecho, en cuanto a la cuantía de las sanciones, la reciente propuesta Ómnibus europea[19] modificará el umbral mínimo del 5% del volumen de negocios mundial neto de la compañía previsto en el Artículo 27.4.

En todo caso, respecto a la transposición de esta norma en los ordenamientos internos de los Estados miembros, lo más aconsejable sería que las autoridades nacionales de control previstas en la misma se materializasen como autoridades administrativas independientes conforme a los Artículos 109 y 110 de la Ley 40/2015, de 1 de octubre, de Régimen Jurídico del Sector Público (en adelante, LRJSP)[20]. Será crítico de cara a su eficacia y legitimidad que

---

17   Reglamento (UE) 2024/3005 del Parlamento Europeo y del Consejo, de 27 de diciembre de 2024, relativo a la transparencia e integridad de las actividades de calificación ambiental, social y de gobernanza (ASG), y por el que se modifican los Reglamentos 2019/2088 y 2023/2859 (*DO* L 2024/3005, 12 de diciembre de 2024).

18   Reglamento delegado (UE) 2023/2772 de la Comisión, de 31 de julio de 2023, por el que se completa la Directiva 2013/34/UE del Parlamento Europeo y del Consejo en lo que respecta a las normas de presentación de información sobre sostenibilidad (*DO* L 2023/2772, 22 de diciembre de 2023).

19   *Proposal for a Directive of the European Parliament and of the Council amending Directives 2006/43/EC, 2013/34/EU, 2022/2464 and 2024/1760 as regards certain corporate sustainability reporting and due diligence requirements*, COM(2025) 81 final, 25 February 2025.

20   Ley 40/2015, de 1 de octubre, de Régimen Jurídico del Sector Público (*BOE* 236, 2 de octubre de 2015).

se respete su genuina independencia funcional, así como la correcta preparación e interdisciplinariedad de sus miembros, al margen del vínculo orgánico que este órgano mantenga con el Ministerio al que se decida adscribir.

Recuérdese, al hilo de estas consideraciones, que el edificio institucional de la sostenibilidad en España adolece de dispersión y poca operatividad: un Consejo Estatal de la Responsabilidad Social Empresarial en el Ministerio de Trabajo y Economía Social; los Puntos Nacionales de Contacto de la OCDE en el Ministerio de Economía, Comercio y Empresa; un Plan Nacional sobre Empresas y Derechos Humanos elaborado bajo los auspicios del Ministerio de Asuntos Exteriores, Unión Europea y Cooperación; el Registro de Huella de Carbono en el Ministerio para la Transición Ecológica y el Reto Demográfico; o la Comisión Interministerial para la incorporación de criterios ecológicos en la contratación pública, adscrita al Ministerio de Agricultura, Pesca y Alimentación.

¿A qué Ministerio quedará adscrita la autoridad de supervisión que prevé la Directiva sobre diligencia debida? ¿Se unificará y racionalizará, por fin, este marco institucional tan disperso? ¿Será una autoridad de supervisión administrativa independiente, conforme a lo dispuesto en la LRJSP?

En lo referente a facilitar el acceso a la justicia de las víctimas de supuestas violaciones de derechos humanos directa o indirectamente vinculadas a las actividades corporativas, la Directiva sobre diligencia debida, aunque nunca pretendió establecer un *forum necessitatis*[21], trataba de armonizar la realidad de los distintos Estados miembros. No obstante, el complejo proceso de negociaciones condujo finalmente a un lacónico "con arreglo al Derecho nacional" en su Artículo 26.6.

2.2. Armonización, interoperabilidad y simplificación: novedades de la propuesta Ómnibus sobre sostenibilidad de 2025

El problema de la interoperabilidad entre estas distintas normativas europeas se ha planteado, en primer lugar, en relación con la CSRD que, si bien es una norma orientada a la información y transparencia, indirectamente conlleva cambios de gestión si la empresa aún no dispone de datos de reporte obligatorio o "*minimum disclosure requirements*", en la terminología del (ya citado) Reglamento delegado 2023/2772. La mencionada propuesta Ómnibus no solamente pretende modificar la Directiva sobre diligencia debida, sino también la CSRD para mejorar la supervisión, completitud y comparabilidad de los informes ESG.

Los derechos humanos y la gestión de *stakeholders*, entre otros aspectos, tienen una importancia transversal y explícita en la CSRD, además de estar presentes en la Directiva sobre diligencia debida, con lo que será necesario una coordinación de los conceptos y métodos para una gestión adecuada. Otro tanto ocurre con los análisis de doble materialidad, un diagnóstico previo a los reportes propiamente dichos que resulta de enorme utilidad para mostrar un estado de situación en cualquier empresa. Estos análisis de doble materialidad adquieren un interesante enfoque de riesgos, pues se estudian sus variables básicas como impactos potenciales multiplicados por la probabilidad, lo que obligará a hacer compatibles los resultados de estos análisis conforme a la CSRD con los procedimientos que se establezcan bajo la Directiva sobre diligencia debida.

No en vano el Requisito de Aplicación 11 de la NEIS 1 del Reglamento delegado 2023/2772, que desarrolla la CSRD, indica que "en caso de una incidencia negativa potencial sobre los derechos humanos, la gravedad de la incidencia prevalece sobre su probabilidad". El objetivo fundamental es evitar que el mencionado análisis de riesgos, en términos de doble materialidad, conduzca a conclusiones económicamente válidas pero antijurídicas. Dicho de

---

21   Sería posiblemente exagerado pedir a la Directiva sobre diligencia debida que también ataje este debate entre el *forum non conveniens* y el *forum necessitatis*, cuya solución podría venir, si se juzga conveniente, por una modificación del Reglamento de "Bruselas I Refundido" y el "Reglamento de Roma II". En esta línea argumental: Ortiz-Arce Vizcarro S (2024) Nuevos horizontes para la UE en la Directiva Due Diligence: derechos humanos, medio ambiente y rendición de cuentas corporativa en las cadenas de valor. Revista Española de Empresas y Derechos Humanos 3:164.

otra manera, es preciso introducir matices (factores de corrección) en la gestión por la empresa: no se trata de una multiplicación simplona entre impacto y probabilidad.

En este punto, cobran especial relevancia los últimos cambios propuestos desde la Comisión Europea, a raíz de la publicación del conocido "Informe Draghi"[22], cuya interpretación mayoritaria ha tendido a la contraposición (con aroma de sofisma) entre sostenibilidad y competitividad. En ocasiones, la sostenibilidad será tractora de la seguridad alimentaria, ambiental, energética... y, en otras, un vector de comportamiento ético-jurídico (cuyo consenso, y ese es otro problema, podría quebrarse). No es una dicotomía dual competitividad *vs.* sostenibilidad, sino un triángulo estratégico con tres vértices: competitividad, seguridad-soberanía, y sostenibilidad-derechos humanos.

De cualquier modo, el debate ha cristalizado en la reciente Directiva 2025/794, de 14 de abril de 2025[23], conforme a la cual, muy resumidamente, las empresas contarán con dos años adicionales para realizar las adaptaciones necesarias.

La denominada propuesta Ómnibus, alegando necesidades de simplificación y armonización, propone otras modificaciones (a fecha de cierre de este artículo, pendientes de que se inicie el proceso legislativo).

En lo que atañe exclusivamente a la Directiva sobre diligencia debida, la propuesta de Artículo 4 del paquete Ómnibus trata de modificar aspectos relevantes que resumimos a continuación, sin entrar en una profundidad analítica que tendría que ser objeto de un estudio separado:

- Redefine el concepto de *stakeholders* del Artículo 3.1.n) de la actual Directiva sobre diligencia debida, y propone suprimir de esta definición las "*national human rights and environmental institutions*", las expresiones menos precisas de "*groupings*" y "*entities*". Además, añadiría el requisito que se vean "*directly affected*", a diferencia del vigente artículo, más amplio ("*are or could be affected by the products, services [...]*"). De esta manera, se acota en términos de representatividad y legitimidad a las partes interesadas. Respecto de su gestión, en el actual Artículo 13.3 se propone añadir la palabra "*relevant*" antes de "*stakeholders*", de tal modo que no sea ya obligatorio consultar con cualquier agente interesado: las empresas deben contar con un sistema de gestión de *stakeholders* que los sistematice y priorice. También se propone eliminar los apartados c) y e) de este Artículo 13.

- En relación con el cambio climático, se seguiría exigiendo la redacción y adopción de un plan de transición climática (ver *supra*, epígrafe 2.1.3), pero propone eliminar a continuación el verbo "*and put into effect*", dejando simplemente el verbo "*adopt*" tanto en el Artículo 1.c) como en el Artículo 22.1.

- En relación con el alcance del control de las cadenas de valor, se restringiría a los "*direct business partners*", esto es, el Tier 1 de los proveedores, modificando así el Artículo 8.2.b) de la actual Directiva. Se propone un nuevo Artículo 8.2.a) que menciona situaciones donde la "información plausible" pueda sugerir riesgos más indirectos, casos que deberán investigarse y en los que se recomienda exigir garantías contractuales de los socios directos de negocio. Es decir, priorizando la obtención de información y de garantías por los socios directos. En este sentido, se propone el cambio de los actuales Artículos 10.6 y 11.7, de manera que ya no obliga de manera tajante a romper las relaciones contractuales en casos de impactos potenciales o, incluso, reales. Sin excluir esa opción, adopta una aproximación más posibilista y de colaboración.

- En términos de sanciones económicas, la propuesta Ómnibus desea evitar que el 5% del volumen neto de negocio sea interpretado como un umbral mínimo, con lo que se habilitaría a la Comisión a emitir una guía sobre sanciones de manera similar a las que existen en materia de Derecho de la Competencia o Protección de Datos. En cuanto al acceso a la justicia, la propuesta suprimiría el régimen de responsabilidad civil a nivel europeo del actual Artículo 29 y deja un mayor margen de apreciación a los Estados miembros para establecer sus propias medidas, siempre con el objetivo (ahora, menos estricto) de facilitar el acceso a remedio de supuestas víctimas. En resumen, continuamos en el ámbito de la responsabilidad civil extracontractual (Artículo 1902 y

---

22   Draghi M (2024) *The Future of European Competitiveness*: ver The Draghi Report on EU Competitiveness.

23   Directiva (UE) 2025/7904 del Parlamento Europeo y del Consejo, de 14 de abril de 2025, por la que se modifican las Directivas (UE) 2022/2464 y 2024/1760 en lo que respecta a las fechas a partir de las cuales los Estados miembros deben aplicar determinados requisitos de presentación de información sobre sostenibilidad y de diligencia debida por parte de las empresas (*DO* L 2025/794, 16 de abril de 2025).

siguientes del Código Civil), por acción u omisión, con su configuración clásica: a) apreciar dolo o negligencia; b) el daño producido; c) la relación de causalidad entre uno y otro. Habrá de estudiarse cómo opera en el marco del Artículo 225 de la Ley de Sociedades de Capital.

- En vez de manera anual, las empresas revisarán la efectividad de su sistema de diligencia debida cada cinco años, si se aprueba la modificación propuesta del actual Artículo 15. Dicho esto, en términos prácticos, una crisis o suceso adverso suele ser un desencadenante de la revisión de cualquier sistema de gestión, al margen del plazo legal establecido.

2.3. La Directiva sobre diligencia debida entre la continuidad y el cambio: perspectivas y recomendaciones

A la luz de las consideraciones anteriores, se infiere que la Directiva sobre diligencia debida es parte de un proceso más general de juridificación o normativización de la sostenibilidad, en el que la UE está desempeñando un rol protagónico. Este avance hacia instrumentos jurídicamente vinculantes debe sistematizarse en dos grandes conjuntos de normas:

Normas de información y transparencia, con las que comenzó la juridificación de la sostenibilidad, siendo la más destacada y reciente la Directiva de Reportes de Sostenibilidad Corporativa (y sus antecedentes).

Normas de gestión, siendo la Directiva sobre diligencia debida el ejemplo paradigmático de esta tendencia más reciente.

En efecto, todavía predominan normas orientadas a la información y transparencia, si bien la Directiva 2023/1760 representa un ligero cambio de dirección, dado que prioriza un enfoque orientado a la gestión. Existen otros aspectos en los que supone un cambio de tendencia y un desafío:

- Une medio ambiente y derechos humanos en un mismo instrumento vinculante. El procedimiento empresarial deberá contemplar ambos.

- Busca avanzar, si bien de manera controlada tras la propuesta Ómnibus, en el efecto cascada por la vía contractual, de manera que vaya influyendo también en las empresas que forman parte de la cadena de valor de las grandes compañías.

- Necesita coordinarse mejor con el resto del corpus jurídico-vinculante en materia de sostenibilidad.

- Establece un régimen sancionador y se administrativiza la supervisión de su cumplimiento, de manera similar a la administrativización de la legislación ambiental que, en general, deben cumplir las empresas.

Sin embargo, la Directiva sobre diligencia debida se enmarca en una cierta continuidad desde varias perspectivas:

- Continuidad en cuanto al liderazgo de la UE como potencia normativa.

- Igualmente, continuidad en el proceso de maduración jurídico-vinculante de la sostenibilidad.

- Estratégicamente, sigue la evolución de las políticas a los procedimientos.

- Continuamos, igualmente, en el paradigma de las obligaciones de medios, no de resultados.

- Y, por último, no hay ningún cambio respecto de sus bases conceptuales, seguimos teniendo la brújula de los Principios Rectores de la ONU, las Líneas Directrices sobre Empresas Multinacionales y la Guía de Debida diligencia de la OCDE, y las Declaraciones Tripartitas de la OIT. Todo ello, en conexión con los principales tratados internacionales en la materia que se enumeran en el Anexo de la Directiva.

Por otro lado, se suele señalar la abundancia de conceptos jurídicos indeterminados y la profusión de los considerandos, muy extensos, como una imperfección en la técnica legislativa europea y un límite a la efectividad futura de la Directiva sobre diligencia debida. No debería ser motivo de particular preocupación si comprendemos que esta directiva, como el resto de las normas en materia de sostenibilidad, siempre han operado en la complementariedad entre *hard law* y *soft law*, teniendo este último un valor interpretativo, siempre que no añada obligaciones nuevas y respete el marco jurídico establecido.

Desde la óptica del sector público, sería recomendable que las instituciones europeas también integren un enfoque de seguridad en la promoción de la sostenibilidad. En efecto, una sostenibilidad práctica y orientada a resultados presenta el potencial de contribuir a la seguridad y soberanía ambiental, alimentaria, energética y digital, al tiempo que favorece la protección de los consumidores. No existe una dicotomía competitividad-sostenibilidad. Además, sería aconsejable que los Estados miembros mejoren el marco institucional nacional de la sostenibilidad, concentrando y racionalizando los consejos, comisiones interministeriales, planes, registros, etc.

Por su parte, desde la perspectiva del sector privado, la Directiva 2025/794 amplía dos años el margen de tiempo de las empresas para analizar sus procedimientos y adaptarlos. La propuesta Ómnibus, si se aprueba, podría pulir algunas imprecisiones o excesos de la vigente Directiva de diligencia debida, si bien no cabe esperar un cambio de rumbo significativo y la mayor parte de los sujetos obligados seguirán teniendo un importante trabajo por delante. Puede devenir en una oportunidad para la consolidación estratégica de la sostenibilidad, si las empresas aprovechan este margen de tiempo para repensar y alinear los pilares sostenibilidad, negocio y tecnología.

Además, para las empresas una aproximación holística de riesgos no financieros constituye, con toda probabilidad, el lugar desde el cual la sostenibilidad será más resistente a la politización y a la volatilidad geoeconómica. El análisis de riesgos no financieros es el marco técnico donde la sostenibilidad podrá enraizar del todo en la gestión de nuestras empresas y, gracias a dicho marco, ser genuinamente útil (y no una carga burocrática) tanto en las grandes como en pequeñas y medianas.

Desde sus inicios, la sostenibilidad ha padecido diferentes intentos de apropiación: primero, una *marketinización* excesiva que ha conducido al *Greenwashing* (en castellano, eco-postureo) y, más recientemente, la *financierización* (con sus obsesiones cuantitativas, por las cuales se pueden alcanzar conclusiones económicamente lógicas pero antijurídicas en materia de derechos humanos o medio ambiente).

En un tercer momento, habiéndose iniciado lo que hemos denominado como un proceso de *juridificación*, no faltarán las voces que quieran convertirlo en una cuestión exclusivamente legal. Sin embargo, la experiencia empresarial muestra que la interdisciplinariedad resulta crítica. Así pues, el enfoque de riesgos no financieros emerge como una visión superadora capaz de reconciliar todas estas posturas, enriqueciendo la sostenibilidad con la necesaria interrelación con otros riesgos como el geopolítico, el institucional, regulatorio, etc.

La UE representa un mercado de aproximadamente 448 millones de potenciales consumidores[24], por lo que sus normas tienen una proyección *ad extra* nada desdeñable. En los últimos tiempos, caracterizados por una creciente tensión geopolítica y una clara guerra arancelaria, terceros Estados consideran que mucha de esta legislación europea constituye, simple y llanamente, una barrera comercial no arancelaria establecida con intenciones proteccionistas[25]. No se trata aquí de dirimir esta cuestión, más allá de señalarla. En todo caso, no cabe duda de que la UE desempeña, en este contexto, un papel de potencia normativa y comercial.

Una vez constatado que la sostenibilidad en la UE no es una política comunitaria *per se*, sino un instrumento transversal de gobernanza, el siguiente epígrafe desarrolla con mayor amplitud la proyección *ad extra* de estas iniciativas, en particular en lo tocante a la celebración de acuerdos internacionales sobre protección de las inversiones entre la UE y terceros Estados.

---

24 Ver a título informativo: Hechos y cifras clave | Unión Europea.

25 Hemos rebatido esta tesis en: Jiménez-Piernas García A (2025) ¿Crisis de madurez de la sostenibilidad? Entre la simplificación normativa y la consolidación estratégica. Informe Anual Prosostenibles 2:19-23. Disponible en: https://negocioresponsable.org/el-ojo-clinico/informe-prosostenibles-actualidad-sostenibilidad/.

3. El impacto de la Directiva sobre diligencia debida en la acción exterior europea: los acuerdos internacionales celebrados por la Unión Europea con terceros Estados

El contenido de la Directiva sobre diligencia debida está llamado a trascender las relaciones *ad intra* (entre la UE y sus Estados miembros), al menos por dos razones. Primera, porque la política comercial de la UE tiene una indiscutible proyección exterior y debe mantener coherencia con la acción interna. Por lo tanto, los desarrollos normativos a nivel interno en los Estados miembros deben proyectarse hacia la acción exterior de la UE. Y, segunda, porque se hace asimismo necesario construir una coherencia externa (*ad extra*) que afecta a la participación de la UE en diversos foros internacionales de carácter multilateral.

Además de concluir acuerdos internacionales con otros sujetos de Derecho internacional (en adelante, DI) público, la UE participa en la negociación de herramientas que mejoren la solución de las controversias entre los Estados y los inversores internacionales. La celebración de acuerdos internacionales con terceros Estados y la participación de la UE en estos foros internacionales, como la Comisión de las Naciones Unidas para el Derecho Mercantil Internacional (en adelante, CNUDMI), deben ir de la mano y complementarse. Las soluciones que se implementan a nivel bilateral deben ser coherentes, en suma, con las propuestas formuladas en los foros internacionales donde participa la UE.

Como ha señalado la CNUDMI, el arbitraje de inversión es un medio de solución de las controversias internacionales que, a pesar de su naturaleza híbrida (público-privada), forma parte del DI público[26]. Bajo esta premisa, el DI de las inversiones (la normativa que se aplica en el arbitraje de inversiones) no puede aislarse de las normas internacionales de ámbito general.

Estas últimas normas resultan de máxima importancia a la hora de interpretar los acuerdos internacionales sobre promoción y protección recíproca de las inversiones (en adelante, APPRI), determinar la responsabilidad internacional del Estado y, en su caso, las modalidades que debe adoptar la reparación[27]. Tampoco es un régimen jurídico, como ya se advirtió en otro lugar[28], que pueda permanecer de espaldas a los desarrollos que acontecen en otros sectores normativos del ordenamiento internacional, como el DI de los derechos humanos y el DI del medio ambiente.

La acción exterior de la UE debe tener en cuenta todas estas consideraciones a la hora de hacer efectiva su competencia en materia de protección de las inversiones mediante la celebración de acuerdos internacionales con terceros Estados, de conformidad con el Artículo 207.1 del Tratado de Funcionamiento de la UE (en adelante, TFUE). Unos acuerdos que, además de establecer estándares de protección de las inversiones directas, se ocupan de la protección de las inversiones indirectas (o de cartera) y establecen un medio de carácter judicial para la solución de las controversias surgidas de su interpretación y aplicación (el arbitraje de inversión)[29].

---

26   A/CN.9/WG.III/WP.145, 12 de diciembre de 2017, para. 3.

27   Sin perjuicio de que se pueda discutir si el DI de las inversiones constituye una *lex specialis* en materia de responsabilidad internacional: ver Paparinskis M (2013) Investment Treaty Arbitration and the (New) Law of State Responsibility. Eur. J. Int'l L. 24:617-647; y Vezzani S (2020) The International Responsibility of the European Union and of Its Member States for Breaches of Obligations Arising from Investment Agreements: *Lex Specialis* or European Exceptionalism? En: Andenas M, Pantaleo L, Happold M, Contartese C (eds) EU External Action in International Economic Law Recent Trends and Developments. TMC Asser, La Haya, pp. 281-321.

28   Pascual-Vives F, Jiménez-Piernas García A (2022) Sostenibilidad y Derecho internacional de las inversiones: claves prácticas para Estados y empresas transnacionales. DT Real Instituto Universitario Europeo CEU San Pablo 125:1-35.

29   El Tribunal de Justicia de la UE (en adelante, TJUE) ha señalado que la celebración de estos acuerdos constituye una competencia exclusiva de la UE, salvo en lo que se refiere a la protección de las inversiones indirectas y las disposiciones relativas a la solución de diferencias entre un inversor y un Estado, entre otras: ver Dictamen de 16 de mayo de 2017, *Acuerdo de Libre Comercio entre la Unión Europea y la República de Singapur*, 2/15, ECLI:EU:C:2017:376.

En este contexto, la UE ya ha concluido varios acuerdos internacionales con Canadá[30], Chile[31], Singapur[32] y Vietnam[33] que prevén disposiciones para regular estas materias. De manera paralela a la celebración de estos acuerdos internacionales específicos y centrados en la protección de las inversiones, la UE también está impulsando la conclusión de otros acuerdos que contienen disposiciones que entroncan con los postulados emanados por la Directiva sobre diligencia debida. Sirvan como precedentes tanto el acuerdo sobre la facilitación de la inversión responsable concluido con Angola[34] como el acuerdo de libre comercio concluido con Nueva Zelanda[35].

Las siguientes líneas examinan de qué forma las disposiciones de todos estos acuerdos internacionales pueden servir para implementar en la acción exterior de la UE algunos de los mandatos establecidos por la Directiva sobre diligencia debida. En primer lugar, se estudian las medidas adoptadas en la práctica convencional de los Estados para armonizar los distintos sectores normativos en presencia (DI de las inversiones, DI de los derechos humanos y DI del medio ambiente). En segundo lugar, se exponen con más detalle los instrumentos que persiguen proponer medidas de coordinación normativa, así como imponer obligaciones a los inversores internacionales en los tratados sobre protección de las inversiones. Y, en tercer lugar, se estudia si la demanda reconvencional es un instrumento óptimo para tutelar los intereses públicos en el DI de las inversiones.

3.1. El marco teórico: diversas alternativas para armonizar los sectores normativos internacionales en presencia

El DI de las inversiones no opera en el vacío. Cuando los Estados adoptan medidas que afectan (y eventualmente perjudican) a los inversores internacionales pueden hacerlo con base a razones de orden público[36]. Motivaciones que pretenderían tutelar intereses públicos reconocidos en otras normas internacionales relativas a la protección de los derechos humanos o el medio ambiente.

Un precedente ilustrativo es *Philip Morris*, donde el órgano arbitral encargado de resolver la controversia concluyó que, al establecer medidas restrictivas sobre el empaquetado de los cigarrillos, Uruguay no había actuado con arbitrariedad y vulnerado la obligación de proporcionar un trato justo y equitativo al inversor internacional previsto en el APPRI entre Suiza y Uruguay[37]. Todo ello porque las medidas adoptadas habían "sido implementadas por el Estado a los efectos de proteger la salud pública"[38].

Mientras que en *Gabriel Resources*, el órgano arbitral entendió que las medidas adoptadas por Rumanía para no completar el proceso de autorización de una inversión (que tenía un alto impacto ambiental y que estaba radicada en una zona protegida) no constituían una violación de los APPRI entre Canadá y Rumanía[39] y entre el Reino Unido y Rumanía[40], ambos invocados por los inversores que actuaban como partes demandantes en esta controversia:

---

30   Firmado el 30 de octubre de 2016.

31   Firmado el 12 de diciembre de 2023.

32   Firmado el 15 de octubre de 2018.

33   Firmado el 30 de junio de 2019.

34   Firmado el 17 de noviembre de 2023 (*DO* L 2024/830, 8 de marzo de 2024).

35   Firmado el 9 de julio de 2023 (*DO* L 2024/866, 25 de marzo de 2024).

36   Sardinha E (2018) The Right to Regulate Towards a (Not Entirely) New Regulatory Paradigm under Recent FTA Investment Chapters. En: Akbaba M, Capurro G (eds) International Challenges in Investment Arbitration. Routledge, Nueva York, pp. 72-106; Korzun V (2021) The Right to Regulate in Investor-State Arbitration: Slicing and Dicing Regulatory Carve-Outs. Vand. J. Transnat'l L. 50:355-414; Baltag C, Joshi R, Duggal K (2023) Recent Trends in Investment Arbitration on the Right to Regulate, Environment, Health and Corporate Social Responsibility: Too Much or Too Little? ICSID Review 38:381-421; y Sierra-Camargo J, Suárez-Ricaurte F (2023) The Right to Regulate. En: Schneiderman D, Van Harten G (ed) Rethinking Investment Law. Oxford University Press, Oxford.

37   Firmado el 7 de octubre de 1988.

38   *Philip Morris Brands S.à r.l., Philip Morris Products S.A. and Abal Hermanos S.A. v. Oriental Republic of Uruguay* (ICSID Case No. ARB/10/7, Award 8 July 2016, para. 391).

39   Firmado el 8 de mayo de 2009.

40   Firmado el 13 de julio de 1995.

"[...], the final vote in Parliament to reject the Draft Law was undoubtedly a political decision. All votes in a parliament are political decisions. There is nothing reprehensible about that – that is just how democracy works, for better or worse. The relevant question was whether this final vote was the result of illegitimate government influence. There is no evidence on the record that leads to this conclusion. It is important to recall that both the Special Commission completed its work and all the votes occurred well after Claimants' date of the alleged breach of 9 September 2013. By Claimants' own admission, therefore, the decision to reject the Draft Law cannot be the basis for an alleged breach of the two BITs at issue.

[...] it is also clear from the record that the discussions that led to the Special Commission's report concluding that the Draft Law should be rejected were based on concerns that existed during the EIA Process after thorough review and discussion"[41].

No obstante, en la práctica arbitral pueden identificarse otros casos donde los intereses particulares de los inversores internacionales han prevalecido finalmente, a pesar de que las medidas adoptadas por el Estado tenían igualmente como objeto tutelar un interés público. Sirvan como precedentes *Rockhopper Exploration*[42] o *Vattenfall*[43], dos litigios que tienen que ver con algunas medidas adoptadas por Italia y Alemania, respectivamente, con el objeto de promover la transición energética y combatir el cambio climático.

Es por esto por lo que desde la ONU se han alzado voces críticas hacia la manera en que desde el DI de las inversiones se contemplan y tutelan algunos intereses públicos o globales, como los derechos humanos o el medio ambiente. El Consejo de Derechos Humanos de la ONU, en efecto, ha puesto de relieve que los tratados sobre protección de las inversiones, al menos, plantean una relación desequilibrada entre los Estados y las empresas transnacionales. En particular, según la opinión del Consejo de Derechos Humanos, esos tratados dan lugar a tres desafíos, pues imponen: "restricciones reglamentarias, derechos pero no obligaciones de los inversionistas y [otorgan un] acceso privilegiado a la reparación para los inversionistas"[44]. Frente a estos desafíos se han propuesto varias soluciones.

En primer lugar, unas alternativas están basadas en el principio de jerarquía normativa. Esta opción plantea que los nuevos tratados sobre protección de las inversiones deberían incluir cláusulas que indicaran claramente que "en caso de conflicto entre las obligaciones de derechos humanos del Estado y las obligaciones impuestas por otros tratados, prevalecerán los instrumentos de derechos humanos"[45]. En otras palabras, se trataría de conferir primacía a un régimen normativo frente a otro. La ausencia de jerarquía normativa en el DI público, más allá de los límites impuestos por las normas de derecho imperativo (*ius cogens*)[46], hace que esta opción sea muy compleja.

En segundo lugar, otras soluciones propugnan una mayor coordinación entre los distintos sectores normativos en presencia, en línea con el principio de integración sistémica[47] consagrado en el Artículo 31.3.c) de la Convención de

---

41   *Gabriel Resources Ltd. and Gabriel Resources (Jersey) Ltd. v. Romania* (ICSID Case No. ARB/15/31), Award 8 March 2024, para. 1144 y 1145).

42   En este litigio Italia fue declarada responsable internacionalmente por las medidas que había adoptado para prohibir la exploración de hidrocarburos en la zona comprendida dentro de su mar territorial (primeras 12 millas náuticas contadas a partir de las líneas de base trazadas desde la costa): ver *Rockhopper Exploration Plc, Rockhopper Italia S.p.A. and Rockhopper Mediterranean Ltd v. Italian Republic* (ICSID Case No. ARB/17/14, Award 23 August 2022). Cabe advertir que, al tiempo de escribir estas líneas, este laudo de 23 de agosto de 2022 es objeto de un recurso de anulación ante el CIADI.

43   En este litigio Alemania recibió dos arbitrajes de inversión del mismo inversor internacional (radicado en Suecia) a resultas de las medidas que había establecido para eliminar la generación de energía nuclear: ver *Vattenfall AB, Vattenfall Europe AG, Vattenfall Europe Generation AG v. Federal Republic of Germany* (ICSID Case No. ARB/09/6, Award 11 March 2011); y *Vattenfall AB and others v. Federal Republic of Germany* (ICSID Case No. ARB/12/12). En este último procedimiento, Alemania aceptó transar la controversia antes de que el órgano arbitral dictara el laudo: ver Ballantyne J (2021) Vattenfall saga at an end. Global Arbitration Review.

44   A/76/238, 27 de julio de 2021, para. 18.

45   A/HRC/30/44, 14 de julio de 2015, para. 10.

46   Como ha señalado la Comisión de Derecho Internacional (en adelante, CDI), las "normas imperativas de derecho internacional general (*ius cogens*) reflejan y protegen valores fundamentales de la comunidad internacional. Estas normas son universalmente aplicables y son jerárquicamente superiores a otras normas de derecho internacional": ver *Informe de la Comisión de Derecho Internacional 73er periodo de sesiones (18 de abril a 3 de junio y 4 de julio a 5 de agosto de 2022), Asamblea General Documentos Oficiales Septuagésimo séptimo periodo de sesiones, Suplemento núm. 10 (A/77/10)*, para. 43 (conclusión 2).

47   Sobre los desafíos que plantea el recurso a este precepto en la práctica: ver Calamita J (2013) International Human Rights and the Interpretation of International Investment Treaties: Constitutional Considerations. En: Baetens F (ed) Investment Law within International Law. Integrationist Perspectives. Cambridge University Press, Cambridge, pp. 177-179.

Viena sobre el Derecho de los Tratados (en adelante, CVDT)[48]. En el marco de las negociaciones desarrolladas en el seno del Consejo de Derechos Humanos de la ONU, conducentes a la conclusión de un instrumento jurídicamente vinculante para regular la actividad de las empresas, se ha propuesto una disposición que pretende armonizar y fomentar la coherencia entre el DI de los derechos humanos y el DI de las inversiones. Este enunciado está redactado en los siguientes términos:

> "*All existing bilateral or multilateral agreements, including regional or sub-regional agreements, on issues relevant to this (Legally Binding Instrument) and its protocols, including trade and investment agreements, shall be interpreted and implemented in a manner that does not undermine or restrict their capacity to fulfill their obligations under this (Legally Binding Instrument) and its protocols, if any, as well as other relevant human rights conventions and instruments*"[49].

Y, en tercer lugar, también se ha propuesto el establecimiento de obligaciones a cargo de los inversores internacionales en los tratados sobre protección de las inversiones. De esta manera, los Estados lograrían trasladar el cumplimiento de algunas obligaciones hacia las empresas transnacionales. Y, en la práctica, se podría reclamar directamente contra ellas ante los tribunales nacionales o incluso en el marco de un arbitraje de inversión (mediante el mecanismo procesal de la demanda reconvencional). Así, se ha planteado imponer:

> "obligaciones serias y exigibles a los inversionistas extranjeros para que respeten el derecho de los pueblos al desarrollo, convirtiéndolo en una condición de la 'inversión protegida' en primer lugar o en una obligación independiente que el Estado anfitrión pueda reclamar mediante una reconvención"[50].

El Grupo de Trabajo III de la CNUDMI (en adelante, GT III de la CNUDMI) ha descartado examinar estas cuestiones en los trabajos que realiza sobre la reforma del mecanismo de solución de las controversias entre inversor y Estados, pues entiende que se ubica fuera de su mandato[51], más centrado en temas de carácter procesal.

No obstante, la práctica de algunos Estados y también la de la UE ya reconoce y ha incorporado (si bien es cierto que con muy distinta intensidad) algunas de las medidas señaladas en los anteriores párrafos. En las siguientes líneas se exponen varios de los desarrollos más recientes experimentados en esta práctica convencional y qué papel juega la UE en los mismos.

3.2. La proyección del marco teórico a la práctica convencional más reciente: el papel de la Unión Europea como promotor de los intereses públicos en el Derecho internacional de las inversiones

La práctica convencional de la UE con terceros Estados puede servir para promover una mayor consideración de los intereses públicos y globales en el DI de las inversiones, al menos de dos formas. En primer lugar, este apartado estudia de qué manera la UE propicia la coordinación normativa entre el DI de las inversiones y otros sectores normativos del ordenamiento internacional. Y, en segundo lugar, analiza las medidas que la UE está impulsando para incluir obligaciones a cargo de los inversores en los acuerdos internacionales sobre protección de inversiones que concluye con terceros Estados.

---

48 Firmada el 23 de mayo de 1969.

49 Artículo 14.5 del tercer borrador del instrumento jurídicamente vinculante para regular la actividad de las empresas: ver A/HRC/52/41/Add.1, 23 de enero de 2023.

50 A/HRC/54/82, 26 de junio de 2023, para. 77.

51 A/CN.9/1044, 10 de noviembre de 2020, para. 61.

3.2.1. La coordinación normativa: una opción que permite adaptar y modernizar el Derecho internacional de las inversiones

Por cuanto respecta a las medidas de coordinación normativa, la UE ha adoptado una posición proactiva. En efecto, la UE ha incorporado diversas disposiciones que abordan este tema en sus más recientes acuerdos sobre protección de las inversiones. Entre ellas destacan las referencias al derecho a regular como principio general del acuerdo. Así, el Artículo 8.9 del acuerdo con Canadá dispone:

> "*1. For the purpose of this Chapter, the Parties reaffirm their right to regulate within their territories to achieve legitimate policy objectives, such as the protection of public health, safety, the environment or public morals, social or consumer protection or the promotion and protection of cultural diversity.*
>
> *2. For greater certainty, the mere fact that a Party regulates, including through a modification to its laws, in a manner which negatively affects an investment or interferes with an investor's expectations, including its expectations of profits, does not amount to a breach of an obligation under this Section*"[52].

El acuerdo con Canadá, además, incorpora una novedad de gran relevancia. El Comité mixto creado por este acuerdo para, entre otras funciones, interpretar el contenido de sus disposiciones, ha adoptado una directriz interpretativa del capítulo que se refiere a la protección de las inversiones en relación con los compromisos internacionales celebrados entre ambas partes para mitigar los efectos del cambio climático, según la cual:

> "b) Al interpretar las disposiciones del capítulo ocho del Acuerdo, el Tribunal tendrá debidamente en cuenta los compromisos de las Partes en virtud de los acuerdos multilaterales en materia de medio ambiente, incluido el Acuerdo de París (3), hecho en París el 12 de diciembre de 2015. En particular, los derechos y obligaciones de las Partes en virtud del capítulo ocho (Inversiones) del Acuerdo deben interpretarse de manera que apoyen la capacidad de las Partes para cumplir sus compromisos respectivos de reducir las emisiones de gases de efecto invernadero mediante la adopción o el mantenimiento de medidas concebidas y aplicadas para mitigar el cambio climático o hacer frente a sus consecuencias presentes o futuras"[53].

Se trata de una disposición que está incluida en un punto de la directriz que se titula "cambio climático" y que está redactada con la inteligencia de armonizar las relaciones entre el DI de los derechos humanos, el DI del medio ambiente y el DI de las inversiones.

Por su parte, en el Artículo 29 del acuerdo con Angola se establece un nexo entre el derecho a regular y la necesidad de proteger a los inversores, sin que ello suponga una rebaja de los estándares de tutela de los intereses públicos:

> "*1. The Parties recognise the right of each Party to determine its sustainable development policies and priorities, to establish the levels of domestic environmental and labour protection it deems appropriate and to adopt or modify its relevant laws and policies. Such protection levels, laws and policies shall be consistent with each Party's commitments to the internationally recognised standards and agreements referred to in this Chapter.*
>
> *2. Each Party shall strive to ensure that its relevant laws and policies provide for, and encourage, high levels of environmental and labour protection, and shall strive to improve such levels, laws and policies.*
>
> *3. A Party shall not weaken or reduce the levels of protection afforded in its environmental or labour laws in order to encourage investment.*
>
> *4. A Party shall not waive or otherwise derogate from, or offer to waive or otherwise derogate from, its environmental or labour laws in order to encourage investment.*

---

52   En el mismo sentido: ver Artículo 26.3 (acuerdo con Chile); Artículo 2.2 (acuerdo con Singapur); Artículo 2.2 (acuerdo con Vietnam); Artículos 2 y 29 (acuerdo con Angola); y Artículos 10.1.2 y 12.3 (acuerdo con Nueva Zelanda).

53   Decisión (UE) 2024/435 del Consejo, de 29 de enero de 2024, relativa a la posición que debe adoptarse, en nombre de la Unión, en el Comité Mixto del CETA creado en virtud del Acuerdo Económico y Comercial Global (CETA) entre Canadá, por una parte, y la Unión Europea y sus Estados miembros, por otra, en lo que concierne a la adopción de una Interpretación de su Artículo 8.10, anexo 8-A, Artículo 8.9 y Artículo 8.39, de conformidad con su Artículo 26.1, apartado 5, letra e), para. 3 (*DO* L 2024/435, 1 de febrero de 2024).

5. A Party shall not, through a sustained or recurring course of action or inaction, fail to effectively enforce its environmental or labour laws in order to encourage investment".

El Artículo 12.3 del acuerdo con Nueva Zelanda concreta todavía más los ámbitos hacia los que se puede extender ese derecho a regular:

"The Parties reaffirm each Party's right to regulate within their territories to achieve legitimate policy objectives, such as the protection of human, animal or plant life or health, social services, public education, safety, the environment, including climate change, public morals, social or consumer protection, animal welfare, privacy and data protection, the promotion and protection of cultural diversity, and, in the case of New Zealand, the promotion or protection of the rights, interests, duties and responsibilities of Morí".

El derecho a regular, que ya ha sido admitido en algunos precedentes de la práctica arbitral[54], se proyecta sobre las disposiciones del acuerdo destinadas a conferir derechos a los inversores internacionales. Constituye un principio que informa a los inversores internacionales sobre las facultades normativas que conservan los Estados en determinadas materias como la protección de la salud, el medio ambiente o la moral, la protección social y de los consumidores o la promoción y protección de la diversidad cultural.

También se han incorporado menciones a este derecho en algunas cláusulas más específicas de los acuerdos como, por ejemplo, en materia de expropiación indirecta[55]. El Anexo 8-A del acuerdo con Canadá, por ejemplo, delimita las medidas que pueden ser consideradas como una expropiación indirecta señalando:

"except in the rare circumstance when the impact of a measure or series of measures is so severe in light of its purpose that it appears manifestly excessive, non-discriminatory measures of a Party that are designed and applied to protect legitimate public welfare objectives, such as health, safety and the environment, do not constitute indirect expropriations"[56].

La codificación del derecho a regular en los acuerdos internacionales celebrados con terceros Estados contribuye a crear un régimen normativo más equilibrado desde el punto de vista sustantivo. Porque los inversores internacionales se esforzarán por desarrollar sus proyectos de inversión de manera que no se pongan en riesgo aquellos objetivos de política pública que hayan sido previamente identificados por los Estados. En suma, los inversores internacionales serán más sensibles a esos objetivos y, voluntariamente, alinearán su conducta con los estándares internacionales de derechos humanos y medio ambiente para evitar que los Estados puedan tomar medidas que puedan afectar a sus derechos.

3.2.2. La imposición de obligaciones a los inversores internacionales: una opción compleja en virtud de la necesidad de conciliar todos los intereses en presencia

En lo tocante a las medidas que imponen obligaciones a cargo de los inversores internacionales, la práctica convencional de la UE es todavía muy tímida. Por el momento, se limita a incluir en algunos acuerdos referencias a los tratados de derechos humanos y protección del medio ambiente, así como a la necesidad de que las partes promuevan en sus respectivas jurisdicciones los estándares de responsabilidad social corporativa y conducta empresarial responsable.

---

54   *Montauk Metals Inc. v. Republic of Colombia* (ICSID Case No. ARB/18/13, Award 7 June 2024, para. 899-940); y *Eco Oro Minerals Corp. v. Republic of Colombia* (ICSID Case No. ARB/16/41, Award 15 July 2024, para. 317).

55   En la práctica arbitral: ver *Saluka Investments BV (The Netherlands) v. Czech Republic* (PCA Case No. 2001-04, Partial Award 17 March 2006, para. 260-262); *AWG Group Ltd. v. The Argentine Republic* (UNCITRAL Case, Decision 30 July 2010, para. 139-140); *Chemtura Corporation v. Government of Canada* (PCA Case No. 2008-01, Award 2 August 2010, para. 266); *Philip Morris Brands S.à r.l., Philip Morris Products S.A. and Abal Hermanos S.A. v. Oriental Republic of Uruguay* (ICSID Case No. ARB/10/7, Award 8 July 2016, para. 306-307); y *Red Eagle Exploration Limited v. Republic of Colombia* (ICSID Case No. ARB/18/12, Award 28 February 2024, para. 399-404).

56   Ver también Anexo 1 (acuerdo con Singapur); y Anexo 4 (acuerdo con Vietnam).

En particular, el Artículo 34.1 del acuerdo con Angola se refiere al deber de debida diligencia de los inversores internacionales. No lo concibe como una obligación internacional directamente atribuible a estos actores, sino como un aspecto que debería incorporarse en su actividad a través de su promoción por parte de los Estados:

> "*The Parties recognise the importance of investors implementing due diligence in order to identify and address adverse impacts, such as on the environment and labour conditions, in their operations, their supply chains and other business relationships*".

El Artículo 19.12 del acuerdo con Nueva Zelanda sigue la misma estela, aunque presenta un contenido más detallado y enuncia los instrumentos internacionales que deben ser promovidos por los Estados parte para propiciar una conducta empresarial responsable de las empresas. Menciona lacónicamente la necesidad de que las partes del acuerdo (no los inversores internacionales) promuevan la conducta empresarial responsable y prácticas de responsabilidad social corporativa:

> "*1. The Parties recognise the importance of responsible business conduct and corporate social responsibility practices, including responsible supply chain management, and the role of trade in pursuing this objective.*
>
> *2. In light of paragraph 1, each Party shall:*
>
> *(a) promote, including by supporting their dissemination and use, relevant international instruments, such as the OECD Guidelines for Multinational Enterprises, the ILO Tripartite Declaration of Principles concerning Multinational Enterprises and Social Policy, the United Nations Global Compact and the United Nations Guiding Principles on Business and Human Rights; and*
>
> *(b) promote corporate social responsibility, responsible business conduct, including responsible supply chain management, by providing supportive policy frameworks that encourage the uptake of relevant practices by businesses.*
>
> *3. The Parties recognise the utility of international sector-specific guidelines in the areas of corporate social responsibility and responsible business conduct, and shall promote joint work in this regard. In respect of the OECD Due Diligence Guidance for responsible supply chains of minerals from conflict-affected and high-risk areas and its supplements, each Party shall implement measures to promote the uptake of OECD Due Diligence Guidance. As members of the Committee on World Food Security in the FAO, the Parties shall also promote awareness for the 'Principles for Responsible Investment in Agriculture and Food Systems' and the 'Voluntary Guidelines on Responsible Governance of Tenure of Land, Fisheries and Forests in the Context of National Food Security*".

Puede afirmarse, a la luz de ambos acuerdos, que la aproximación mantenida por la UE es muy pragmática y sigue la línea general establecida en el DI de las inversiones hasta ahora por otros sujetos internacionales. En este sector normativo, en efecto, la incorporación de obligaciones a cargo de los inversores internacionales (que sirvan para tutelar los intereses públicos mencionados en este trabajo) todavía no ha permeado con carácter general en el articulado de los APPRI[57]. Los Estados prefieren, al menos por el momento, presentar estas cuestiones en el preámbulo de los acuerdos o mediante referencias muy genéricas en su articulado; referencias que no conllevan el surgimiento de obligaciones internacionales para las empresas transnacionales[58].

A pesar de lo anterior, comienzan a apreciarse cambios en esta práctica. Algunos Estados, bien es cierto que una minoría, sí han convenido mandatos a cargo de los inversores internacionales en sus APPRI. Sirva como precedente el APPRI entre Brasil e India[59], cuyo Artículo 12.2 dispone el siguiente catálogo:

> *The investors and their investments shall endeavour to comply with the following voluntary principles and standards for a responsible business conduct and consistent with the laws adopted by the Host State:*

---

57   Reiner C, Schreuer C (2009) Human Rights and International Investment Arbitration. En: Dupuy PM, Francioni F, Petersmann EU (eds) Human Rights in International Investment Law and Arbitration. Oxford University Press, Oxford, pp. 86-88.

58   Alschner W, Tuerk E (2013) The Role of International Investment Agreements in Fostering Sustainable Development. En: Baetens F (ed) Investment Law within International Law. Integrationist Perspectives. Cambridge University Press, Cambridge, pp. 225-228.

59   Firmado el 25 de enero de 2020.

a) contribute to the economic, social and environmental progress, aiming at achieving sustainable development;

b) respect the internationally recognized human rights of those involved in the companies' activities;

c) encourage local capacity building through close cooperation with the local community;

d) encourage the creation of human capital, especially by creating employment opportunities and offering professional training to workers;

e) refrain from seeking or accepting exemptions that are not established in the legal or regulatory framework relating to human rights, environment, health, security, work, tax system, financial incentives, or other issues;

f) support and advocate for good corporate governance principles, and develop and apply good corporate governance practices, including anti-corruption measures;

g) develop and implement effective self-regulatory practices and management systems that foster a relationship of mutual trust between the companies and the societies in which their operations are conducted;

h) promote the knowledge of and the adherence, by workers, to the corporate policy, through appropriate dissemination of this policy, including professional training programs;

i) refrain from discriminatory or disciplinary action against employees who submit grave reports to the board or, whenever appropriate, to the competent public authorities, about practices that violate the law or corporate policy;

j) encourage, whenever possible, business associates, including service providers and outsources, to apply the principles of business conduct consistent with the principles provided for in this Article; and

k) refrain from any undue interference in local political activities".

El Artículo 18 del APPRI entre Marruecos y Nigeria[60] establece obligaciones para los inversores internacionales, una vez que la inversión ya se ha establecido en el Estado huésped:

"[…] 2. Investors and investments shall uphold human rights in the host state.

3. Investors and investments shall act in accordance with core labour standards as required by the ILO Declaration on Fundamental Principles and Rights of Work, 1998.

4. Investors and investments shall not manage or operate the investments in a manner that circumvents international environmental, labour and human rights obligations to which the host state and/or home state are Parties".

La inclusión de obligaciones internacionales a cargo de los inversores internacionales es una alternativa que se está impulsando en la práctica de los Estados africanos[61]. En efecto, algunos Estados de esa región (que conocen muy bien los impactos adversos generados por el arbitraje de inversión[62]) han desarrollado modelos de APPRI que propugnan la incorporación de este tipo de obligaciones, contribuyendo a promover un cambio de tendencia en la práctica convencional. Así, el Artículo 15 del borrador de modelo de APPRI elaborado por la Comunidad para el Desarrollo del África Meridional de 2012 indica:

"15.1. Investors and their investments have a duty to respect human rights in the workplace and in the community and State in which they are located. Investors and their investments shall not undertake or cause to be undertaken acts that breach such human rights. Investors and their investments shall not assist in, or be complicit in, the violation of the human rights by others in the Host State, including by public authorities or during civil strife.

---

60   Firmado el 3 de diciembre de 2016.

61   Botchway FN, Salem Abou El Farag M (2020) Quo Vadis International Investment Law in Africa. En: Ngangjoh Hodu Y, Moïse Mbengue M (eds). African Perspectives in International Investment Law. Manchester University Press, Manchester, pp. 175-195.

62   Ewelukwa Ofodile U (2019) African States, Investor-State Arbitration and the ICSID Dispute Resolution System: Continuities, Changes and Challenges. ICSID Review 34:296-364.

15.2. Investors and their investments shall act in accordance with core labour standards as required by the ILO Declaration on Fundamental Principles and Rights of Work, 1998.

15.3. Investors and their investments shall not [establish,] manage or operate Investments in a manner inconsistent with international environmental, labour, and human rights obligations binding on the Host State or the Home State, whichever obligations are higher".

Por su parte, el Artículo 20 del borrador de Código Panafricano sobre Inversiones de 2016 señala:

"1. Investors shall adhere to socio-political obligations including, but not exclusively, the following:

a. respect for national sovereignty and observance of domestic laws, regulations and administrative practices;

b. respect for socio-cultural values;

c. non-interference in internal political affairs;

d. non-interference in intergovernmental relations; and

e. respect for labor rights.

2. Investors shall not influence the appointment of persons to public office or finance political parties.

3. Investors shall refrain from exercising restrictive practices and from trying to achieve gains through unlawful means".

Y el Artículo 18 del modelo de APPRI de Marruecos de 2019 afirma:

"18.1 Investments shall be governed by the laws and regulations of the Host Party and investors and their investments shall comply with such laws and regulations throughout their existence in the Host Party.

18.2 Investors and investments after admission shall comply with the measures of the Host Party that prescribe the formalities for the establishment of an investment and accept the jurisdiction of that Party with respect to the investment.

18.3 An investor shall provide the Host Party with any information it requires concerning its investment for the purpose of making decisions related to such investment or for statistical purposes only. The Host Party shall protect any confidential business information from disclosure that would prejudice the competitive position of the investor or the investment.

18.4 Any processing of investors' personal data for the purpose of making investment-related decisions, compiling statistics, or resolving disputes shall be carried out in accordance with the national legislation of the Host Party and/or the relevant international conventions of which both Parties are members.

18.5 An investor shall not commit fraud or provide false information regarding its investment. A material breach of this paragraph by an investor shall constitute a violation of the domestic law of the Host Party relating to the establishment of its investment.

18.6 Investors and their investments must comply with the Host Party's tax laws, including the timely fulfillment of their tax and social security obligations.

18.7 Investors shall manage and operate their investments in a manner consistent with international environmental, labor and human rights obligations to which both Parties are party".

La particularidad que incorporan todos estos preceptos es que, en teoría, permitirían al Estado entablar una reclamación internacional contra el inversor internacional a través de la demanda reconvencional, si aquel considerase que este último ha vulnerado alguna de las obligaciones establecidas por el acuerdo. A modo de ejemplo, el Artículo 28.4 del último modelo de APPRI comentado dispone:

> *"Where an investor or its investment has failed to comply with its obligations under Article 18 (Compliance with Domestic Laws and International Obligations) or has violated Article 19 (Anti-Corruption, Anti-Money Laundering and Anti-Terrorist Financing), the Host Party may file a counterclaim in any court established pursuant to this Section".*

Conviene señalar que la incorporación definitiva de estas medidas a la práctica convencional dependerá de la voluntad de las partes que negocien cada acuerdo internacional sobre protección de inversiones. Así, el APPRI entre Marruecos y Japón[63] no establece ninguna obligación de esta naturaleza en su articulado, a pesar de haber sido firmado con posterioridad a la publicación del modelo de APPRI marroquí. En cambio, el APPRI entre Cabo Verde y Marruecos[64] sí establece obligaciones para los inversores[65] y dispone la posibilidad de entablar una reclamación contra ellos[66] en línea con el modelo de APPRI ya comentado.

De la práctica marroquí presentada en las anteriores líneas pueden hacerse dos afirmaciones. Primera, cuando una de las partes en el acuerdo sea un Estado que exporta capital será más complejo incluir obligaciones a cargo de los inversores internacionales, porque ese Estado tratará de excluirlas durante la negociación para beneficiar la posición de sus empresas transnacionales. Y, segunda, la conclusión de APPRI entre Estados que tradicionalmente no son exportadores de capitales o que pertenecen al "Sur-Global" puede servir como catalizador para ir incorporando progresivamente esta materia al DI de las inversiones.

En suma, las medidas de coordinación normativa parecen más sencillas de consensuar cuando se celebra un tratado sobre protección de las inversiones entre Estados con distintos niveles de desarrollo económico. Mientras que las que introducen obligaciones jurídicas para los inversores internacionales representan todavía una opción minoritaria. Constituyen una alternativa que está siendo impulsada fundamentalmente por los Estados del "Sur-Global".

No hay que olvidar que estas últimas medidas dan pie a nuevas vías de litigación contra los inversores internacionales, incluyendo el recurso a las demandas reconvencionales en el arbitraje de inversión. De ahí ese menor entusiasmo en su empleo, al menos por el momento, por parte de algunos Estados. Cabe preguntarse, a la luz de todo lo anterior, si las demandas reconvencionales pueden ser un recurso efectivo para tutelar los intereses públicos en el DI de las inversiones.

3.3. Las consecuencias jurídicas de la armonización normativa en el contencioso internacional sobre protección de las inversiones: ¿son las demandas reconvencionales un mecanismo óptimo para tutelar los intereses públicos?

La incorporación de preceptos que establecen obligaciones a cargo de los inversores internacionales en el DI de las inversiones posee un valor notable desde el punto de vista sustantivo, pero también procesal. Si los tratados sobre protección de las inversiones contienen obligaciones a cargo de estos actores internacionales, entonces se podrían incluir herramientas procesales que permitiesen exigir su cumplimiento y, en su caso, iniciar reclamaciones internacionales contra ellos.

---

63   Firmado el 8 de enero de 2020.

64   Firmado el 9 de mayo de 2023.

65   Ver Artículos 18-19.

66   Señala este precepto que *"Lorsqu'un investisseur ou son investissement ne s'est pas acquitté des obligations qui lui incombent en vertu de l'article 18 (Respect des lois internes et des obligations internationales) ou a violé l'article 19 (Lutte contre la corruption, le blanchiment des capitaux et le financement du terrorisme), la Partie Hôte peut déposer une demande reconventionnelle devant tout tribunal établi conformément à la présente Section. L'acceptation par l'investisseur de l'offre d'arbitrage de la Partie Hôte implique son consentement pour les demandes reconventionnelles"*: ver Artículo 28.3.

Ese ha sido históricamente uno de los principales desafíos que ha presentado este sector normativo. No existían herramientas para plantear demandas contra los inversores a nivel internacional. De tal forma que estas reclamaciones se planteaban en otros sectores normativos distintos y contra los Estados, por ejemplo, en el marco del DI de los derechos humanos.

Un precedente donde se ponen de relieve todas estas paradojas es el caso de los *Habitantes de la Oroya contra Perú*, planteado ante la Corte Interamericana de Derechos Humanos (en adelante, Corte IDH). En este caso la Corte IDH examinó si la conducta del Estado demandado era conforme con las obligaciones que había asumido en virtud de la Convención Americana de Derechos Humanos[67]. No obstante, una de las principales cuestiones que subyace en este litigio (y que la Corte IDH no pudo juzgar por carecer de competencia sobre ella) era la conducta de la empresa estadounidense que se había encargado de explotar el complejo minero de La Oroya[68] y bajo cuya gestión se habían generado importantes niveles de contaminación. Esta contaminación provocó perjuicios a las poblaciones locales, quienes demandaron a Perú ante los órganos del sistema interamericano de protección de los derechos humanos.

Los daños a la salud causados a las víctimas por parte de la empresa estadounidense, en suma, se ventilaron contra el Estado huésped de la inversión y ante una jurisdicción internacional de ámbito regional encargada de tutelar los derechos humanos. Sobre este punto, la Corte IDH se limitó a declarar la necesidad de que las empresas transnacionales implementen programas y políticas de responsabilidad social corporativa que sirvan para prevenir posibles vulneraciones de los derechos humanos causadas como consecuencia de su actividad:

> "Las empresas deben adoptar, por su cuenta, medidas preventivas para la protección de los derechos humanos de sus trabajadoras y trabajadores, así como aquellas dirigidas a evitar que sus actividades tengan impactos negativos en las comunidades en que se desarrollen o en el medio ambiente. En este sentido, la Corte ha considerado que la regulación de la actividad empresarial no requiere que las empresas garanticen resultados, sino que debe dirigirse a que éstas realicen evaluaciones continuas respecto a los riesgos a los derechos humanos, y respondan mediante medidas eficaces y proporcionales de mitigación de los riesgos causados por sus actividades, en consideración a sus recursos y posibilidades, así como con mecanismos de rendición de cuentas respecto de aquellos daños que hayan sido producidos. Se trata de una obligación que debe ser adoptada por las empresas y regulada por el Estado"[69].

Ante el escenario planteado por el DI de los derechos humanos, se han buscado alternativas en el DI de las inversiones para crear mecanismos de control de la actividad de las empresas transnacionales, que son los actores internacionales que figuran como demandantes en los arbitrajes de inversión.

Las demandas reconvencionales constituyen la herramienta procesal idónea para alcanzar este objetivo. Este tipo de demanda tiene lugar cuando las partes en un arbitraje de inversión (inversor internacional y Estado demandado) discuten sobre cuestiones que afectan al fondo de la controversia y, más en particular, que tienen que ver con el cumplimiento por parte del primero de ciertas obligaciones. Durante los trabajos elaborados por la CDI sobre el procedimiento arbitral en 1950, en efecto, se definieron las demandas reconvencionales como una demanda presentada por la parte demandada en un procedimiento internacional, cuyo objeto radica en obtener algo más que el mero rechazo de las conclusiones de la parte demandante[70].

A través de una demanda reconvencional, por tanto, la parte demandada formula ante el órgano encargado de resolver la controversia una reclamación frente a la parte demandante. Y esta reclamación no tiene como objeto la mera presentación de argumentos de defensa contra las pretensiones realizadas por la parte demandante. Tampoco

---

67 Firmada el 22 de noviembre de 1969.

68 Cabe advertir que el inversor internacional inició dos arbitrajes de inversión contra Perú al considerar que las medidas adoptadas por las autoridades eran contrarias a los compromisos que Perú había asumido en virtud del acuerdo de libre comercio entre los Estados Unidos de América y Perú (firmado el 12 de abril de 2006): ver *The Renco Group, Inc. v. Republic of Peru* (ICSID Case No. UNCT/13/1, Partial Award 15 July 2016); y *The Renco Group, Inc. v. The Republic of Peru* (PCA Case No. 2019-46).

69 *Caso Habitantes de la Oroya Vs. Perú, Sentencia de 27 de noviembre de 2023 (Excepciones preliminares, Fondo, Reparaciones y Costas)*, Serie C, nº 511, para. 114.

70 *ILC Yearbook*, 1950, vol. II, p. 137.

pretende demostrar, como se reconoció en *Desert Line Projects*, que la parte demandante ha contribuido con su conducta a incrementar el daño producido sobre la inversión[71].

La finalidad de la demanda reconvencional desborda ambos objetivos. Mediante la demanda reconvencional, el Estado huésped (que figura como demandado en el arbitraje de inversión) presenta argumentos de fondo que pretenden demostrar incumplimientos de la parte demandante (el inversor internacional)[72].

En este contexto procesal se abre una posibilidad para alegar la protección de los intereses públicos (derechos humanos o protección del medio ambiente) en el arbitraje de inversión[73]. Todo ello sin perjuicio de que el eventual éxito de una demanda reconvencional pueda tener efectos más limitados. De hecho, podría darse el caso de que la aceptación de la demanda reconvencional no evitase la declaración de responsabilidad internacional del Estado, pero influyera en la determinación del montante de la indemnización otorgada por el órgano arbitral. En efecto, si el Estado huésped logra demostrar incumplimientos por parte del inversor, el órgano arbitral puede reducir el importe de la indemnización que aquel debe abonar si en última instancia el arbitraje de inversión resulta favorable a los intereses del inversor internacional[74].

La posibilidad de entablar demandas reconvencionales ha sido admitida por el Artículo 46 del Convenio CIADI[75] y la Regla 40 de las Reglas de Arbitraje del CIADI[76]. No obstante, los Estados han restringido de varias maneras esta alternativa procesal en el arbitraje de inversión que se basa en tratados sobre protección de las inversiones.

En primer lugar, en ocasiones estos tratados solo permiten iniciar un arbitraje de inversión a través de una demanda planteada por el inversor internacional[77], es decir, solo facultan al inversor con la potestad de iniciar un arbitraje de inversión. Mientras que, en segundo lugar, en otros casos los propios tratados restringen el objeto del arbitraje de inversión, señalando que consistirá únicamente en la determinación de la responsabilidad internacional del Estado, es decir, constriñen la actividad del órgano arbitral a la determinación de si el Estado huésped ha incumplido con las obligaciones establecidas convencionalmente[78].

Estas restricciones responden a los intereses de los Estados exportadores de capital, quienes en el momento de concluir los primeros tratados sobre protección de las inversiones habrían estado en condiciones de imponer estas cláusulas en su articulado[79]. En el marco de los debates del GT III de la CNUDMI se ha planteado la posibilidad de que las demandas reconvencionales puedan asumir un mayor protagonismo en el arbitraje de inversión. La clave para impulsar su empleo, como queda patente en el párrafo anterior, radica en la oferta de consentimiento que las partes realicen en los tratados sobre protección de las inversiones:

---

71 *Desert Line Projects LLC v. The Republic of Yemen* (ICSID Case No. ARB/05/17, Award 6 February 2008, para. 223-224).

72 Atanasova D, Benoit A, Ostransky J (2014) Legal Framework for Counterclaims in Investment Treaty Arbitration. J. Int'l Arb. 31:357-392; y Rivas JA (2015) ICSID Treaty Counterclaims: Case Law and Treaty Evolution. En: Kalicki J, Joubin-Bret A (eds) Reshaping the Investor-State Dispute Settlement System. Journeys for the 21st Century. Brill/Nijhoff, Leiden/Boston, pp. 779-827.

73 Sobre la relación entre arbitraje de inversión y derechos humanos, más allá de la demanda reconvencional: ver Balcerzak F (2017) Investor-State Arbitration and Human Rights. Brill/Nijhoff, Leiden/Boston.

74 Así sucedió en un arbitraje de inversión basado en un contrato, donde el órgano arbitral admitió parcialmente la demanda reconvencional presentada por Bulgaria. En consecuencia, descontó 12.789.856,21 dólares estadounidenses del montante total que había impuesto en concepto de indemnización (que ascendía a 23.150.000 dólares estadounidenses): ver *Zeevi Holdings v. The Republic of Bulgaria and the Privatization Agency of Bulgaria* (ICC Case No. UNC 39/DK, Award 25 October 2006).

75 Este precepto señala que "Salvo acuerdo en contrario de las partes, el Tribunal deberá, a petición de una de ellas, resolver las demandas incidentales, adicionales o reconvencionales que se relacionen directamente con la diferencia, siempre que estén dentro de los límites del consentimiento de las partes y caigan además dentro de la jurisdicción del Centro".

76 Esta disposición, en línea con la anterior, indica "(1) Salvo acuerdo en contrario de las partes, cualquiera de ellas podrá presentar una demanda incidental o adicional o una reconvención que se relacione directamente con la diferencia, siempre que esté dentro de los límites del consentimiento de las partes y caigan además dentro de la jurisdicción del Centro. (2) Toda demanda incidental o adicional se presentará a más tardar en la réplica, y toda reconvención a más tardar en el memorial de contestación, a menos que el Tribunal, previa la justificación de la parte que presente la demanda subordinada y luego de considerar cualquiera excepción de la otra parte, autorice su presentación en una etapa posterior del procedimiento. (3) El Tribunal fijará un plazo dentro del cual la parte contra la cual se presente una demanda subordinada podrá hacer presente sus observaciones sobre la misma".

77 *Spyridon Roussalis v. Romania* (ICSID Case No. ARB/06/1, Award 7 December 2011, para. 867-872).

78 *Vestey Group Ltd v. Bolivarian Republic of Venezuela* (ICSID Case No. ARB/06/4, Award 15 April 2016, para. 333-334).

79 Esta circunstancia ha servido para sustanciar críticas severas hacia el arbitraje de inversión: ver Newcombe A, Paradell L (2009) Law and Practice of Investment Treaties. Standards of Treatment. Wolters Kluwer, Alphen aan den Rijn, pp. 63-64.

"58. En relación con el aspecto procesal, se reiteró que la labor que se llevara a cabo en materia de reforma del sistema de SCIE no debería excluir la posibilidad de que los Estados demandados presentaran reconvenciones contra un inversionista cuando existieran fundamentos jurídicos para ello. Si bien se expresó la opinión de que sería necesario que los Estados partes en los tratados de inversión convinieran en el uso de las reconvenciones, se señaló que en las normas procesales aplicables a la SCIE se contemplaba en general la posibilidad de que el Estado demandado presentara reconvenciones y que los tratados de inversión recientes incluyeran disposiciones expresas que permitieran su interposición. Se observó que la existencia de un marco que habilitara la presentación de reconvenciones permitiría que los tribunales de SCIE con conocimientos especializados en la materia entendieran en esas reclamaciones y se evitara con ello la multiplicidad de procesos.

[…]

61. Se solicitó a la Secretaría que preparara cláusulas modelo que pudieran utilizarse para que las partes prestaran consentimiento, ya fuera en los arbitrajes que se realizaran en el marco de un tratado o en un órgano multilateral permanente, y en que se condicionara el consentimiento de un Estado a someter la controversia a un tribunal de SCIE al consentimiento del inversionista a que ese mismo tribunal examinara las reconvenciones. Se observó que en esa cláusula se podría aclarar que los tribunales de SCIE tendrían competencia para examinar las reconvenciones y resolver la cuestión de su admisibilidad"[80].

La práctica convencional de la UE ha adoptado hasta ahora dos aproximaciones respecto a esta cuestión. El Artículo 17.31 del acuerdo con Chile reconoce expresamente la posibilidad de presentar las demandas reconvencionales basadas en el incumplimiento de las obligaciones internacionales que ambas partes contratantes hubiesen convenido en el acuerdo, siempre que tengan una conexión fáctica con la reclamación principal planteada por el inversor internacional:

"*1. The respondent may submit a counterclaim on the basis of a claimant's failure to comply with an international obligation applicable in the territories of both Parties, arising in connection with the factual basis of the claim.*

2. The counterclaim shall be submitted no later than in the respondent's counter-memorial or statement of defence, or at a later stage in the proceedings if the Tribunal decides that the delay was justified under the circumstances.

3. For greater certainty, a claimant's consent to the procedures under this Section as referred to in Article 17.32 includes the submission of counterclaims by the respondent".

En otras palabras, si las partes contratantes se han comprometido a cumplir con una obligación internacional y la conducta del inversor internacional es contraria a la misma, el Estado huésped podría activar una demanda reconvencional contra el inversor, siempre que estuviera relacionada con los hechos sobre los que este último basa su demanda principal.

Conviene tener presente, por tanto, que la demanda reconvencional está de alguna forma subordinada a la demanda principal planteada por el inversor internacional. Se trata de una solución proactiva y que, además, permite potenciar la tutela de los intereses públicos en el arbitraje de inversión. Porque exige al inversor adecuar en todo momento su conducta con las obligaciones internacionales asumidas por el Estado huésped donde desarrolla sus operaciones.

Por otra parte, los acuerdos concluidos por la UE con Canadá, Singapur y Vietnam adoptan una posición más genérica hacia la demanda reconvencional. La única referencia expresa a las demandas reconvencionales que prevén estos acuerdos internacionales se recoge en un precepto que excluye la posibilidad de invocarlas cuando el demandado alegue que el inversor internacional ha recibido o recibirá una indemnización o cualquier otra compensación en virtud de un seguro o una garantía contractual que se refiera a la indemnización reclamada. Señala el Artículo 8.40 del acuerdo con Canadá:

---

80   A/CN.9/1044, 10 de noviembre de 2020, para. 58 y 61.

"A respondent shall not assert, and a Tribunal shall not accept a defence, counterclaim, right of setoff, or similar assertion, that an investor or, as applicable, a locally established enterprise, has received or will receive indemnification or other compensation pursuant to an insurance or guarantee contract in respect of all or part of the compensation sought in a dispute initiated pursuant to this Section"[81].

Al no existir en estos acuerdos con Canadá, Singapur y Vietnam un enunciado como el previsto en el acuerdo con Chile, puede plantearse la duda de si admitirían la presentación de demandas reconvencionales en el marco de un arbitraje de inversión iniciado por un inversor internacional.

Para resolver este interrogante puede resultar muy ilustrativo un precedente (*Aven y otros*) dictado en el marco del acuerdo de libre comercio entre Centroamérica, los Estados Unidos de América y la República Dominicana[82]. Ese acuerdo internacional contiene una disposición redactada en términos muy similares a la contenida en los tres acuerdos señalados. En aquel litigio, el órgano arbitral entendió que el tratado sobre protección de las inversiones controvertido sí permitía al Estado huésped (Costa Rica) interponer una demanda reconvencional[83]. Para llegar a esta conclusión, no obstante, el órgano arbitral realizó una interpretación amplia de ese precepto y afirmó:

"el Artículo 10.15 en general se refiere 'a una controversia relativa a una inversión' en tanto que el Artículo 10.16 es aplicable cuando 'no puede resolverse una controversia relativa a una inversión mediante consultas y negociación', lo que comprende las controversias que dan lugar a reconvenciones. El lenguaje de los Artículos 10.15 y 10.16 del DR-CAFTA es en principio tan amplio como para abarcar a reconvenciones, y el Artículo 10.16 no implica que sea aplicable sólo a controversias en las cuales sea un inversionista quien interpone las reclamaciones"[84].

Las demandas reconvencionales constituyen todavía un instrumento imperfecto para proteger los intereses públicos en el DI de las inversiones, por razones de orden procesal y sustantivo. Las demandas reconvencionales son admitidas en las principales normas que reglamentan el arbitraje de inversión institucional y *ad hoc*. Pero no todos los tratados sobre protección de las inversiones prevén activar este mecanismo y, como se indicó *supra*, muchos de ellos todavía carecen de obligaciones expresas a cargo de los inversores internacionales.

En definitiva, la práctica convencional de la UE, junto a la de otros Estados interesados del "Sur-Global", puede contribuir a generar un consenso que desarrolle esta herramienta procesal y permita equilibrar mejor los derechos y obligaciones de todos los actores internacionales en presencia en el DI de las inversiones. Se trata, además, de un instrumento que sirve para promover "la eficiencia procesal y el hecho de que con ello se [disuada] de la presentación de demandas infundadas y se [evite] la presentación de una multiplicidad de reclamaciones en distintos foros"[85].

Todo ello sin perjuicio de que puedan arbitrarse otros mecanismos y foros para que las víctimas puedan obtener una compensación por los daños causados por la actividad de las empresas transnacionales. La demanda reconvencional es solo una de las herramientas que puede ponerse al servicio de la tutela de los intereses públicos, pero no debe perderse de vista la necesidad de otras construir avenidas procesales (internas o externas) que puedan permitir a las víctimas reclamar directamente contra las empresas transnacionales.

---

81 En el mismo sentido: ver Artículo 3.20 (acuerdo con Singapur); y Artículo 3.56 (acuerdo con Vietnam).

82 Firmado el 28 de mayo de 2004.

83 *David R. Aven and Others v. Republic of Costa Rica* (ICSID Case No. UNCT/15/3, Award 18 September 2018, para. 737-742).

84 Ibid., para. 740.

85 A/CN.9/1044, 10 de noviembre de 2020, para. 60.

4. Consideraciones finales

El largo proceso de negociación de la Directiva sobre diligencia debida constituyó un síntoma de su importancia y potencial, tanto *ad intra* como *ad extra*. Desde la perspectiva de su relación con otras normas de Derecho derivado europeo en la materia, oscila entre la continuidad y la discontinuidad en función de las distintas facetas que se han analizado en este trabajo.

En efecto, la Directiva sobre diligencia debida se inserta en una línea coherente con la juridificación gradual de la sostenibilidad, aunque emerge como un instrumento nuevamente de carácter general y transectorial, cuando la tendencia más reciente es a la especialización y sectorialización de las iniciativas. Mientras avanza en el proceso que nos lleva de las políticas a los procedimientos, representa asimismo un cambio en la medida en que refuerza la tendencia a que la legislación europea de sostenibilidad se materialice cada vez más en normas de gestión, y ya no tanto orientadas a la mera información y transparencia (la antigua fórmula del "*comply or explain*").

La reciente propuesta Ómnibus, que pretende modificarla en aspectos relevantes, tampoco constituye un brusco giro de timón que ponga en cuestión la línea política interna desde el *Green Deal*. Cosa distinta sería si, en el futuro, se confirmase una quiebra de los consensos básicos que sustentan la juridificación gradual de la sostenibilidad.

La transposición de la Directiva sobre diligencia debida por parte de los Estados miembros de la UE no solo va a tener repercusiones en el plano interno, sino que también se va a expandir hacia la acción exterior de la UE. Por pura coherencia, la UE se verá en la tesitura de incorporar en los acuerdos internacionales que concluya con terceros sujetos mandatos que ordenen la actividad de los Estados y las empresas transnacionales en términos similares a los que establece la Directiva sobre diligencia debida.

El arbitraje de inversión será una vía de acción contenciosa para hacer efectivos los intereses públicos ligados a la sostenibilidad, sin perjuicio de que pueda haber otras como el recurso a los tribunales internos, en virtud de los mecanismos establecidos por la Directiva sobre diligencia debida.

Las empresas tratarán de desarrollar sus proyectos de inversión de forma que no se pongan en riesgo los objetivos de política pública que el Estado pueda considerar estratégicos. De esta forma los inversores internacionales evitarán de manera proactiva que aquellos intereses y objetivos del Estado huésped puedan invocarse mediante el derecho a regular.

Asimismo, la incorporación de obligaciones en los tratados sobre protección de las inversiones puede provocar un auge de la litigación internacional basada en la demanda reconvencional, esto es, que los Estados hagan un recurso excesivo a la misma. Sin embargo, para poder invocarla de manera diligente los Estados deberán haberse dotado de mecanismos internos que incorporen esas obligaciones. En otras palabras, ante la posibilidad de poder recurrir a la demanda reconvencional muchos Estados podrían incluir en su ordenamiento jurídico estándares de responsabilidad social corporativa que hasta ahora pertenecían a la esfera del *soft law*.

Números Publicados
Serie Unión Europea y Relaciones Internacionales

Nº 1/2000   «La política monetaria única de la Unión Europea»
Rafael Pampillón Olmedo

Nº 2/2000   «Nacionalismo e integración»
Leonardo Caruana de las Cagigas y Eduardo González Calleja

Nº 1/2001   «Standard and Harmonize: Tax Arbitrage»
Nohemi Boal Velasco y Mariano González Sánchez

Nº 2/2001   «Alemania y la ampliación al este: convergencias y divergencias»
José María Beneyto Pérez

Nº 3/2001   «Towards a common European diplomacy? Analysis of the European Parliament resolution
on establishing a common diplomacy (A5-0210/2000)»
Belén Becerril Atienza y Gerardo Galeote Quecedo

Nº 4/2001   «La Política de Inmigración en la Unión Europea»
Patricia Argerey Vilar

Nº 1/2002   «ALCA: Adiós al modelo de integración europea?»
Mario Jaramillo Contreras

Nº 2/2002   «La crisis de Oriente Medio: Palestina»
Leonardo Caruana de las Cagigas

Nº 3/2002   «El establecimiento de una delimitación más precisa de las competencias entre la Unión Europea
y los Estados miembros»
José María Beneyto y Claus Giering

Nº 4/2002   «La sociedad anónima europea»
Manuel García Riestra

Nº 5/2002   «Jerarquía y tipología normativa, procesos legislativos y separación de poderes en la Unión Europea: hacia un modelo más
claro y transparente»
Alberto Gil Ibáñez

Nº 6/2002   «Análisis de situación y opciones respecto a la posición de las Regiones en el ámbito de la UE. Especial atención al Comité de
las Regiones»
Alberto Gil Ibáñez

Nº 7/2002   «Die Festlegung einer genaueren Abgrenzung der Kompetenzen zwischen der Europäischen Union und den Mitgliedstaaten»
José María Beneyto y Claus Giering

Nº 1/2003   «Un español en Europa. Una aproximación a Juan Luis Vives»
José Peña González

Nº 2/2003   «El mercado del arte y los obstáculos fiscales ¿Una asignatura pendiente en la Unión Europea?»
Pablo Siegrist Ridruejo

Nº 1/2004   «Evolución en el ámbito del pensamiento de las relaciones España-Europa»
José Peña González

Nº 2/2004   «La sociedad europea: un régimen fragmentario con intención armonizadora»
Alfonso Martínez Echevarría y García de Dueñas

Nº 3/2004   «Tres operaciones PESD: Bosnia y Herzegovina, Macedonia y República Democrática de Congo»
Berta Carrión Ramírez

Nº 4/2004   «Turquía: El largo camino hacia Europa»
Delia Contreras

Nº 5/2004   «En el horizonte de la tutela judicial efectiva, el TJCE supera la interpretación restrictiva de la legitimación activa mediante el uso de la cuestión prejudicial y la excepción de ilegalidad»
Alfonso Rincón García Loygorri

Nº 1/2005   «The Biret cases: what effects do WTO dispute settlement rulings have in EU law?»
Adrian Emch

Nº 2/2005   «Las ofertas públicas de adquisición de títulos desde la perspectiva comunitaria en el marco de la creación de un espacio financiero integrado»
José María Beneyto y José Puente

Nº 3/2005   «Las regiones ultraperiféricas de la UE: evolución de las mismas como consecuencia de las políticas específicas aplicadas. Canarias como ejemplo»
Carlota González Láynez

Nº 24/2006   «El Imperio Otomano: ¿por tercera vez a las puertas de Viena?»
Alejandra Arana

Nº 25/2006   «Bioterrorismo: la amenaza latente»
Ignacio Ibáñez Ferrándiz

Nº 26/2006   «Inmigración y redefinición de la identidad europea»
Diego Acosta Arcarazo

Nº 27/2007   «Procesos de integración en Sudamérica. Un proyecto más ambicioso: la comunidad sudamericana de naciones»
Raquel Turienzo Carracedo

Nº 28/2007   «El poder del derecho en el orden internacional. Estudio crítico de la aplicación de la norma democrática por el Consejo de Seguridad y la Unión Europea»
Gaspar Atienza Becerril

Nº 29/2008   «Iraqi Kurdistan: Past, Present and Future. A look at the history, the contemporary situation and the future for the Kurdish parts of Iraq»
Egil Thorsås

Nº 30/2008   «Los desafíos de la creciente presencia de China en el continente africano»
Marisa Caroço Amaro

Nº 31/2009   «La cooperación al desarrollo: un traje a medida para cada contexto. Las prioridades para la promoción de la buena gobernanza en terceros países: la Unión Europea, los Estados Unidos y la Organización de las Naciones Unidas»
Anne Van Nistelroo

Nº 32/2009   «Desafíos y oportunidades en las relaciones entre la Unión Europea y Turquía»
Manuela Gambino

Nº 33/2010   «Las relaciones trasatlánticas tras la crisis financiera internacional: oportunidades para la Presidencia Española»
Román Escolano

Nº 34/2010   «Los derechos fundamentales en los tratados europeos. Evolución y situación actual»
Silvia Ortiz Herrera

Nº 35/2010   «La Unión Europea ante los retos de la democratización en Cuba»
Delia Contreras

Nº 36/2010   «La asociación estratégica UE-Brasil. Retórica y pragmatismo en las relaciones Euro-Brasileñas(Vol 1 y 2)»
Ana Isabel Rodríguez Iglesias

Nº 37/2011   «China's foreign policy: A European Perspective»
Fernando Delage y Gracia Abad

Nº 38/2011   «China's Priorities and Strategy in China-EU Relations»
Chen Zhimin, Dai Bingran, Zhongqi Pan and Ding Chun

Nº 39/2011   «Motor or Brake for European Policies? Germany's new role in the EU after the Lisbon-Judgment of its Federal Constitutional Court»
Ingolf Pernice

Nº 40/2011   «Back to Square One: the Past, Present and Future of the Simmenthal Mandate»
Siniša Rodin

Nº 41/2011 «Lisbon before the Courts: Comparative Perspectives»
Mattias Wendel

Nº 42/2011 «The Spanish Constitutional Court, European Law and the constitutional traditions common to the member states (Art. 6.3 TUE). Lisbon and beyond»
Antonio López-Pina

Nº 43/2011 «Women in the Islamic Republic of Iran: The Paradox of less Rights and more Opportunities»
Désirée Emilie Simonetti

Nº 44/2011 «China and the Global Political Economy»
Weiping Huang & Xinning Song

Nº 45/2011 «Multilateralism and Soft Diplomacy»
Juliet Lodge and Angela Carpenter

Nº 46/2011 «FDI and Business Networks: The EU-China Foreign Direct Investment Relationship»
Jeremy Clegg and Hinrich Voss

Nº 47/2011 «China within the emerging Asian multilateralism and regionalism. As perceived through a comparison with the European Neighborhood Policy»
Maria-Eugenia Bardaro & Frederik Ponjaert

Nº 48/2011 «Multilateralism and global governance»
Mario Telò

Nº 49/2011 «EU-China: Bilateral Trade Relations and Business Cooperation»
Enrique Fanjul

Nº 50/2011 «Political Dialogue in EU-China Relations»
José María Beneyto, Alicia Sorroza, Inmaculada Hurtado y Justo Corti

Nº 51/2011 «La Política Energética Exterior de la Unión Europea. Entre dependencia, seguridad de abastecimiento, mercado y geopolítica»
Marco Villa

Nº 52/2011 «Los Inicios del Servicio Europeo de Acción Exterior»
Macarena Esteban Guadalix

Nº 53/2011 «Holding Europe's CFSP/CSDP Executive to Account in the Age of the Lisbon Treaty»
Daniel Thym

Nº 54/2011 «El conflicto en el Ártico: ¿hacia un tratado internacional?»
Alberto Trillo Barca

Nº 55/2012 «Turkey's Accession to the European Union: Going Nowhere»
William Chislett

Nº 56/2012 «Las relaciones entre la Unión Europea y la Federación Rusa en materia de seguridad y defensa. Reflexiones al calor del nuevo concepto estratégico de la Alianza Atlántica»
Jesús Elguea Palacios

Nº 57/2012 «The Multiannual Financial Framework 2014-2020: A Preliminary analysis of the Spanish position»
Mario Kölling y Cristina Serrano Leal

Nº 58/2012 «Preserving Sovereignty, Delaying the Supranational Constitutional Moment? The CJEU as the Anti-Model for regional judiciaries»
Allan F. Tatham

Nº 59/2012 «La participación de las Comunidades Autónomas en el diseño y la negociación de la Política de Cohesión para el periodo 2014-2020»
Mario Kölling y Cristina Serrano Leal

Nº 60/2012 «El planteamiento de las asociaciones estratégicas: la respuesta europea ante los desafíos que presenta el Nuevo Orden Mundial»
Javier García Toni

Nº 61/2012 «La dimensión global del Constitucionalismo Multinivel. Una respuesta legal a los desafíos de la globalización»
Ingolf Pernice

Nº 62/2012 «EU External Relations: the Governance Mode of Foreign Policy»
Gráinne de Búrca

Nº 63/2012 «La propiedad intelectual en China: cambios y adaptaciones a los cánones internacionales»
Paula Tallón Queija

Nº 64/2012 «Contribuciones del presupuesto comunitario a la gobernanza global: claves desde Europa»
Cristina Serrano Leal

Nº 65/2013 «Las Relaciones Germano-Estadounidenses entre 1933 y 1945»
Pablo Guerrero García

Nº 66/2013 «El futuro de la agricultura europea ante los nuevos desafíos mundiales»
Marta Llorca Gomis, Raquel Antón Martín, Carmen Durán Vizán, Jaime del Olmo Morillo-Velarde

Nº 67/2013 «¿Cómo será la guerra en el futuro? La perspectiva norteamericana»
Salvador Sánchez Tapia

Nº 68/2013 «Políticas y Estrategias de Comunicación de la Comisión Europea: Actores y procesos desde que se aprueban hasta que la información llega a la ciudadanía española»
Marta Hernández Ruiz

Nº 69/2013 «El reglamento europeo de sucesiones. Tribunales competentes y ley aplicable. Excepciones al principio general de unidad de ley»
Silvia Ortiz Herrera

Nº 70/2013 «Private Sector Protagonism in U.S. Humanitarian Aid»
Sarah Elizabeth Capers

Nº 71/2014 «Integration of Turkish Minorities in Germany»
Iraia Eizmendi Alonso

Nº 72/2014 «La imagen de España en el exterior: La Marca España»
Marta Sabater Ramis

Nº 73/2014 «Aportaciones del Mercado Interior y la política de competencia europea: lecciones a considerar por otras áreas de integración regional»
Jerónimo Maillo

Nº 74/2015 «Las relaciones de la UE con sus socios meridionales a la luz de la Primavera Árabe»
Paloma Luengos Fernández

Nº 75/2015 «De Viena a Sarajevo: un estudio del equilibrio de poder en Europa entre 1815 y 1914»
Álvaro Silva Soto

Nº 76/2015 «El avance de la ultraderecha en la Unión Europea como consecuencia de la crisis: Una perspectiva del contexto político de Grecia y Francia según la teoría del «chivo expiatorio»»
Eduardo Torrecilla Giménez

Nº 77/2016 «La influencia de los factores culturales en la internacionalización de la empresa: El caso de España y Alemania»
Blanca Sánchez Goyenechea

Nº 78/2016 «La Cooperación Estructurada Permanente como instrumento para una defensa común»
Elena Martínez Padilla

Nº 79/2017 «The European refugee crisis and the EU-Turkey deal on migrants and refugees»
Guido Savasta

Nº 80/2017 «Brexit:How did the UK get here?»
Izabela Daleszak

Nº 81/2017 «Las ONGD españolas: necesidad de adaptación al nuevo contexto para sobrevivir»
Carmen Moreno Quintero

Nº 82/2017 «Los nuevos instrumentos y los objetivos de política económica en la UE: efectos de la crisis sobre las desigualdades»
Miguel Moltó

Nº 83/2017 «Peace and Reconciliation Processes: The Northern Irish case and its lessons»
Carlos Johnston Sánchez

Nº 84/2018 «Cuba en el mundo: el papel de Estados Unidos, la Unión Europea y España»
Paula Foces Rubio

Nº 85/2018 «Environmental Protection Efforts and the Threat of Climate Change in the Arctic: Examined Through International Perspectives Including the European Union and the United States of America»
Kristina Morris

Nº 86/2018 «La Unión Europea pide la palabra en la (nueva) escena internacional»
José Martín y Pérez de Nanclares

Nº 87/2019 «El impacto de la integración regional africana dentro del marco de asociación UE-ACP y su implicación en las relaciones post Cotonú 2020»
Sandra Moreno Ayala

Nº 88/2019 «Lucha contra el narcotráfico: un análisis comparativo del Plan Colombia y la Iniciativa Mérida»
Blanca Paniego Gámez

Nº 89/2019 «Desinformación en la UE: ¿amenaza híbrida o fenómeno comunicativo?
Evolución de la estrategia de la UE desde 2015»
Elena Terán González

Nº 90/2019 «La influencia del caso Puigdemont en la cooperación judicial penal europea»
Pablo Rivera Rodríguez

Nº 91/2020 «Trumping Climate Change: National and International Commitments
to Climate Change in the Trump Era»
Olivia Scotti

Nº 92/2020 «El impacto social de la innovación tecnológica en Europa»
Ricardo Palomo-Zurdo, Virginia Rey-Paredes, Milagros Gutiérrez-Fernández, Yakira Fernández-Torres

Nº 93/2020 «El Reglamento sobre la privacidad y las comunicaciones electrónicas,
la asignatura pendiente del Mercado Único Digital»
Ana Gascón Marcén

Nº 94/2020 «Referencias al tratamiento constitucional de la Unión Europea en algunos Estados Miembros»
Rafael Ripoll Navarro

Nº 95/2020 «La identidad europea, ¿en crisis? Reflexiones entorno a los valores comunes en un entorno de cambio»
Irene Correas Sosa

Nº 96/2020 «La configuración de un sistema de partidos propiamente europeo»
Luis Rodrigo de Castro

Nº 97/2020 «El Banco Asiático de Inversión en Infraestructura. La participación de Europa y de España»
Amadeo Jensana Tanehashi

Nº 98/2020 «Nuevas perspectivas en las relaciones entre la Unión Europea y China»
Georgina Higueras

Nº 99/2020 «Inversiones Unión Europea-China: ¿hacia una nueva era?»
Jerónimo Maillo y Javier Porras

Nº 100/2020 «40 años de reforma: el papel de China en la comunidad internacional»
Enrique Fanjul

Nº 101/2020 «A climate for change in the European Union. The current crisis implications
for EU climate and energy policies»
Corina Popa

Nº 102/2020 «Aciertos y desafíos de la cooperación Sur-Sur. Estudio del caso de Cuba y Haití»
María Fernández Sánchez

Nº 103/2020 «El Derecho Internacional Humanitario después de la II Guerra Mundial»
Gonzalo del Cura Jiménez

Nº 104/2020 «Reframing the Response to Climate Refugees»
Alexander Grey Crutchfield

Nº 105/2021 «The Biden Condition: interpreting Treaty-Interpretation»
Jose M. de Areilza

Nº 106/2021 «¿Hacia la Corte Multilateral de Inversiones? El acuerdo de inversiones EU-China
y sus consecuencias para el arbitraje»
José María Beneyto Pérez

Nº 107/2021 «El acuerdo de partenariado economico UE-Japon. Implicaciones para España»
Amadeo Jensana Tanehashi

Nº 108/2021 «El acuerdo con Reino Unido. Implicaciones para España»
Allan Francis Tatham

Nº 109/2021 «El «Comprehensive Economic and Trade Agreement» (CETA) con Canadá.
Implicaciones para España»
Cristina Serrano Leal

Nº 110/2021 «Acuerdos comerciales UE de «Nueva Generación»: origen, rasgos y valoración»
Jerónimo Maillo

Nº 111/2021 «Europa en el mundo»
Emilio Lamo de Espinosa

Nº 112/2021 «A geostrategic rivalry: the Sino-Indian border dispute»
Eva María Pérez Vidal

Nº 113/2021 «The EU-China Digital Agenda and Connectivity»
Meri Beridze

Nº 114/2021 «Las mujeres en los conflictos y postconflictos armados: la Resolución 1325 de la ONU y su vigencia hoy»
Guadalupe Cavero Martínez

Nº 115/2021 «Tesla: estrategias de internacionalización y acceso al mercado en Brasil»
Carmen Salvo González

Nº 116/2022 «Player or board game? In Search of Europe's Strategic Autonomy: The Need of a Common Digital Strategy of the European
Union towards the People's Republic of China»
Loreto Machés Blázquez

Nº 117/2022 «La posición de la Unión Europea en el conflicto del Sáhara Occidental
¿Terminan los principios donde empiezan los intereses?»
Elena Ruiz Giménez

Nº 118/2022 «La defensa de los valores de la Unión Europea:
La condicionalidad de los Fondos Europeos al estado de derecho»
Alicia Arjona Hernández

Nº 119/2022 «Medidas restrictivas en la Unión Europea: el nuevo régimen de sanciones contra
las violaciones y abusos graves de los derechos humanos en el contexto internacional»
Celia Fernández Castañeda

Nº 120/2022 «La relación hispano-británica en materia de seguridad y defensa después del Brexit»
Salvador Sánchez Tapia

Nº 121/2022 «Oportunidades para la cooperación bilateral en la cultura, la educación y la investigación:
Piedras angulares en las relaciones hispano-británicas después de Brexit»
Allan F. Tatham

Nº 122/2022 «*Building bridges*: cómo paliar los efectos del Brexit sobre los intercambios económicos
bilaterales de España con el Reino Unido»
Álvaro Anchuelo Crego

Nº 123/2022 «Mobility issues for UK and Spanish nationals post Brexit»
Catherine Barnard

Nº 124/2022 «Derechos humanos y debida diligencia en las cadenas globales de suministro»
Enrique Fanjul

Nº 125/2022 «Sostenibilidad y Derecho Internacional de las inversiones: claves prácticas para Estados
y empresas transnacionales»
Francisco Pascual-Vives y Alberto Jiménez-Piernas García

Nº 126/2022 «Derechos humanos y empresas, una agenda internacional en evolución»
Sandra Galimberti Díaz-Faes

Nº 127/2022 «El futuro de la Unión: una integración circunspecta»
Pablo García-Berdoy

Nº 128/2022   «El régimen internacional de no proliferación nuclear: ¿refundación o revisión crítica?»
Ignacio Cartagena Núñez

Nº 129/2022   «The Islamic State and Cultural Heritage: A two-track weaponization»
María Gómez Landaburu

Nº 130/2022   «La política de abastecimiento energético de la Unión Europea:
Dependencia y vulnerabilidad ante la invasión rusa a Ucrania»
Raúl Carrasco Contero

Nº 131/2022   «El idioma español: situación actual y mirada al futuro. Un cambio de modelo»
José Olábarri Azagra

Nº 132/2022   «Rule of law conditionality mechanism: analysis of actors' interests»
Carolina de Amuriza Chicharro

Nº 133/2022   «*Due diligence* y cambio climatico»
Lorena Sales Pallares y María Chiara Marullo

Nº 134/2023   «Debida diligencia corporativa en materia de derechos humanos y sostenibilidad:
¿riesgos u oportunidades?»
Francisco Pascual-Vives y Alberto Jiménez-Piernas García

Nº 135/2023   «Debida Diligencia en Derechos Humanos: en camino hacia la legalización»
Sandra Galimberti Díaz-Faes

Nº 136/2023   «Obligaciones de Debida Diligencia en cuestiones de sostenibilidad en el marco
de la Unión Europea: la perspectiva empresarial»
Enrique Fanjul

Nº 137/2023   «La Conferencia sobre el Futuro de Europa .Hacia una reforma de los Tratados?»
Inés Méndez de Vigo Pérez de Herrasti

Nº 138/2023   «The Assertiveness of the European Commission in the Enforcement of Fundamental Values:
The impact of the Russia-Ukraine War»
Andreína V. Hernández Ross

Nº 139/2023   «Transparencia y acceso a los documentos de las instituciones de la Union Europea durante Procedimiento Legislativo
Ordinario. Tratamiento por parte del Parlamento Europeo»
María García de Quevedo Ortiz

Nº 140/2023   «How China is Winning the "GO" Game in the Indian Ocean Region: An Analysis of Sri Lanka's
Policy Framing»
Carmen Rodríguez Escalada

Nº 141/2023   «La Orden Europea de Detención y Entrega como cristalización del progreso de la cooperación judicial penal en Europa: el
caso Puigdemont»
Ignacio Garcia Prieto

Nº 142/2024   «La cooperación tecnológica entre España y Corea del Sur»
Laia Anglada Porta

Nº 143/2024   «RT / Sputnik como herramientas de propagación de desinformación de la política exterior rusa»
Lorena Méndez Vázquez

Nº 144/2024   «Política de ampliación: la reunificación pacífica de Europa de los padres fundadores»
Francisco Aldecoa Luzárraga

Nº 145/2024   «Ampliación: un elemento geoestratégico en el contexto de la guerra de Ucrania»
Elisa Uría

Nº 146/2024   «Retos de la futura ampliación para el funcionamiento de la Unión Europea»
M. Mercedes Guinea Llorente

Nº 147/2025 «Democratization or Coexistence? Inside Africa's Last Colony»
Alejandro Trujillo Suárez

Nº 148/2025 «The political and international stakes of major sporting competitions – Is sport a source of diplomacy and how can it impact the relations between states?»
Adèle Namias

Nº 149/2025 «Evolución de la Política Exterior y de Seguridad Común de la Unión Europea.
Estudio del cambio a mayoría cualificada en el sistema de votación»
Lorena Pérez Hernández

Nº 150/2025 «Efectividad de las recomendaciones del informe sobre el Estado de Derecho de la Comisión Europea. Comparación de casos: Bélgica y Bulgaria»
Gonzalo Vilariño Alaminos

Nº 151/2025 «La retórica de Ursula von der Leyen en tiempos de liderazgo femenino en la Unión Europea»
Natalia Sanz Fernández

Nº 152/2025 «Tendencias en la información sobre gestión de riesgos en derechos humanos en la empresa»

Nº 153/2025 «La Diligencia Debida en las cadenas de suministro desde una perspectiva internacional»
Marta Blanco Quesada

Serie Política de la Competencia y Regulación

Nº 1/2001   «El control de concentraciones en España: un nuevo marco legislativo para las empresas»
José María Beneyto

Nº 2/2001   «Análisis de los efectos económicos y sobre la competencia de la concentración Endesa-Iberdrola»
Luis Atienza, Javier de Quinto y Richard Watt

Nº 3/2001   «Empresas en Participación concentrativas y artículo 81 del Tratado CE: Dos años de aplicación
del artículo 2(4) del Reglamento CE de control de las operaciones de concentración»
Jerónimo Maíllo González-Orús

Nº 1/2002   «Cinco años de aplicación de la Comunicación de 1996 relativa a la no imposición de multas
o a la reducción de su importe en los asuntos relacionados con los acuerdos entre empresas»
Miguel Ángel Peña Castellot

Nº 1/2002   «Leniency: la política de exoneración del pago de multas en derecho de la competencia»
Santiago Illundaín Fontoya

Nº 3/2002   «Dominancia vs. disminución sustancial de la competencia ¿cuál es el criterio más apropiado?: aspectos jurídicos»
Mercedes García Pérez

Nº 4/2002   «Test de dominancia vs. test de reducción de la competencia: aspectos económicos»
Juan Briones Alonso

Nº 5/2002   «Telecomunicaciones en España: situación actual y perspectivas»
Bernardo Pérez de León Ponce

Nº 6/2002   «El nuevo marco regulatorio europeo de las telecomunicaciones»
Jerónimo González González y Beatriz Sanz Fernández-Vega

Nº 1/2003   «Some Simple Graphical Interpretations of the Herfindahl-Hirshman Index and their Implications»
Richard Watt y Javier De Quinto

Nº 2/2003   «La Acción de Oro o las privatizaciones en un Mercado Único»
Pablo Siegrist Ridruejo, Jesús Lavalle Merchán y Emilia Gargallo González

Nº 3/2003   «El control comunitario de concentraciones de empresas y la invocación de intereses nacionales. Crítica del artículo 21.3 del
Reglamento 4064/89»
Pablo Berenguer O´Shea y Vanessa Pérez Lamas

Nº 1/2004   «Los puntos de conexión en la Ley 1/2002 de 21 de febrero de coordinación de las competencias
del Estado y las Comunidades Autónomas en materia de defensa de la competencia»
Lucana Estévez Mendoza

Nº 2/2004   «Los impuestos autonómicos sobre los grandes establecimientos comerciales
como ayuda de Estado ilícita ex art. 87 TCE»
Francisco Marcos

Nº 1/2005   «Servicios de Interés General y Artículo 86 del Tratado CE: Una Visión Evolutiva»
Jerónimo Maillo González-Orús

Nº 2/2005   «La evaluación de los registros de morosos por el Tribunal de Defensa de la Competencia»
Alfonso Rincón García Loygorri

Nº 3/2005   «El código de conducta en materia de fiscalidad de las empresas y su relación con el régimen comunitario de ayudas de
Estado»
Alfonso Lamadrid de Pablo

Nº 18/2006   «Régimen sancionador y clemencia: comentarios al título quinto del anteproyecto
               de la ley de defensa de la competencia»
               Miguel Ángel Peña Castellot

Nº 19/2006   «Un nuevo marco institucional en la defensa de la competencia en España»
               Carlos Padrós Reig

Nº 20/2006   «Las ayudas públicas y la actividad normativa de los poderes públicos en el anteproyecto de ley
               de defensa de la competencia de 2006»
               Juan Arpio Santacruz

Nº 21/2006   «La intervención del Gobierno en el control de concentraciones económicas»
               Albert Sánchez Graells

Nº 22/2006   «La descentralización administrativa de la aplicación del Derecho de la competencia en España»
               José Antonio Rodríguez Miguez

Nº 23/2007   «Aplicación por los jueces nacionales de la legislación en materia de competencia
               en el Proyecto de Ley»
               Juan Manuel Fernández López

Nº 24/2007   «El tratamiento de las restricciones públicas a la competencia»
               Francisco Marcos Fernández

Nº 25/2008   «Merger Control in the Pharmaceutical Sector and the Innovation Market Assessment. European Analysis in Practice and
               differences with the American Approach»
               Teresa Lorca Morales

Nº 26/2008   «Separación de actividades en el sector eléctrico»
               Joaquín Mª Nebreda Pérez

Nº 27/2008   «Arbitraje y defensa de la competencia»
               Antonio Creus Carreras y Josep Maria Juliá Insenser

Nº 28/2008   «El procedimiento de control de concentraciones y la supervisión por organismos reguladores
               de las Ofertas Públicas de Adquisición»
               Francisco Marcos Fernández

Nº 29/2009   «Intervención pública en momentos de crisis: el derecho de ayudas de Estado aplicado
               a la intervención pública directa en las empresas»
               Pedro Callol y Jorge Manzarbeitia

Nº 30/2010   «Understanding China's Competition Law & Policy: Merger Control as a Case Study»
               Jeronimo Maillo

Nº 31/2012   «Autoridades autonómicas de defensa de la competencia en vías de extinción»
               Francisco Marcos

Nº 32/2013   «¿Qué es un cártel para la CNC?»
               Alfonso Rincón García-Loygorri

Nº 33/2013   «Tipología de cárteles duros. Un estudio de los casos resueltos por la CNC»
               Justo Corti Varela

Nº 34/2013   «Autoridades responsables de la lucha contra los cárteles en España y la Unión Europea»
               José Antonio Rodríguez Miguez

Nº 35/2013   «Una revisión de la literatura económica sobre el funcionamiento interno de los cárteles
               y sus efectos económicos»
               María Jesús Arroyo Fernández y Begoña Blasco Torrejón

Nº 36/2013 «Poderes de Investigación de la Comisión Nacional de la Competencia»
Alberto Escudero

Nº 37/2013 «Screening de la autoridad de competencia: mejores prácticas internacionales»
María Jesús Arroyo Fernández y Begoña Blasco Torrejón

Nº 38/2013 «Objetividad, predictibilidad y determinación normativa. Los poderes normativos *ad extra*
de las autoridades de defensa de la competencia en el control de los cárteles»
Carlos Padrós Reig

Nº 39/2013 «La revisión jurisdiccional de los expedientes sancionadores de cárteles»
Fernando Díez Estella

Nº 40/2013 «Programas de recompensas para luchar contra los cárteles en Europa:
una comparativa con terceros países»
Jerónimo Maíllo González-Orús

Nº 41/2014 «La Criminalización de los Cárteles en la Unión Europea»
Amparo Lozano Maneiro

Nº 42/2014 «Posibilidad de sancionar penalmente los cárteles en España, tanto en el presente
como en el futuro»
Álvaro Mendo Estrella

Nº 43/2014 «La criminalización de los hardcore cartels: reflexiones a partir de la experiencia
de EE. UU. y Reino Unido»
María Gutiérrez Rodríguez

Nº 44/2014 «La escasez de acciones de daños y perjuicios derivadas de ilícitos antitrust en España, ¿Por qué?»
Fernando Díez Estella

Nº 45/2014 «Cuantificación de daños de los cárteles duros. Una visión económica»
Rodolfo Ramos Melero

Nº 46/2014 «El procedimiento sancionador en materia de cárteles»
Alfonso Lamadrid de Pablo y José Luis Buendía Sierra

Nº 47/2014 «Japanese Cartel Control in Transition»
Mel Marquis and Tadashi Shiraishi

Nº 48/2015 «Una evaluación económica de la revisión judicial de las sanciones impuestas por la CNMC
por infracciones anticompetitivas»
Javier García-Verdugo

Nº 49/2015 «The role of tax incentives on the energy sector under the Climate Change's challenges
Pasquale Pistone»
Iñaki Bilbao

Nº 50/2015 «Energy taxation and key legal concepts in the EU State aid context:
looking for a common understanding»
Marta Villar Ezcurra and Pernille Wegener Jessen

Nº 51/2015 «Energy taxation and key legal concepts in the EU State aid context:
looking for a common understanding Energy Tax Incentives and the GBER regime»
Joachim English

Nº 52/2016 «The Role of the Polluter Pays Principle and others Key Legal Principles in Energy Taxes,
on an State aid Context»
José A. Rozas

Nº 53/2016 «EU Energy Taxation System & State Aid Control Critical Analysis from Competitiveness
and Environmental Protection Objectives»
Jerónimo Maillo, Edoardo Traversa, Justo Corti and Alice Pirlot

Nº 54/2016 «Energy Taxation and State Aids: Analysis of Comparative Law»
Marta Villar Ezcurra and Janet Milne

Nº 55/2016 «Case-Law on the Control of Energy Taxes and Tax Reliefs under European Union Law» Álvaro del Blanco, Lorenzo del Federico, Cristina García Herrera, Concetta Ricci, Caterina Verrigni and Silvia Giorgi

Nº 56/2017 «El modelo de negocio de Uber y el sector del transporte urbano de viajeros: implicaciones en materia de competencia» Ana Goizueta Zubimendi

Nº 57/2017 «EU Cartel Settlement procedure: an assessment of its results 10 years later» Jerónimo Maillo

Nº 58/2019 «Quo Vadis Global Governance? Assessing China and EU Relations in the New Global Economic Order» Julia Kreienkamp and Dr Tom Pegram

Nº 59/2019 «From Source-oriented to Residence-oriented: China's International Tax Law Reshaped by BRI?» Jie Wang

Nº 60/2020 «The EU-China trade partnership from a European tax perspective» Elena Masseglia Miszczyszyn, Marie Lamensch, Edoardo Traversa y Marta Villar Ezcurra

Nº 61/2020 «A Study on China's Measures for the Decoupling of the Economic Growth and the Carbon Emission» Rao Lei, Gao Min

Nº 62/2020 «The global climate governance: a comparative study between the EU and China» Cao Hui

Nº 63/2020 «The evolvement of China-EU cooperation on climate change and its new opportunities under the European Green Deal» Zhang Min and Gong Jialuo

Nº 64/2024 «The new EU Foreign Subsidies Regulation» Luigi Gaetano Pezzotti Picoli

Nº 65/2024 «Artificial Intelligence and European Competition Law (Inteligencia Artificial y Derecho Europeo de la Competencia)» Claudia del Olmo Van Woerkom

Nº 66/2025 «La evolución de los mercados de electricidad y el papel de los consumidores con un enfoque en la respuesta de la demanda» Yusuf Ercan Özercan

Nº 67/2025 «Gobernanza y retos globales asociados con la tarificación del carbono en sectores estratégicos» Javier Porras Belarra